KB054419

토론 탈무드

하브루타 아빠의 특별한 자녀 교육법

토론 탈무드

초판 1쇄 2014년 5월 30일
6쇄 2016년 9월 20일

지은이 양동일
펴낸이 전호림 **편집2팀장** 권병규 **펴낸곳** 매경출판(주)
등 록 2003년 4월 24일(No. 2 - 3759)
주 소 우)04557 서울시 중구 충무로 2(필동1가) 매일경제 별관 2층 매경출판(주)
홈페이지 www.mkbook.co.kr
전 화 02)2000 - 2610(기획편집) 02)2000 - 2636(마케팅) 02)2000 - 2606(구입 문의)
팩 스 02)2000 - 2609 **이메일** publish@mk.co.kr
인쇄 · 제본 (주)M - print 031)8071 - 0961

ISBN 979 - 11 - 5542 - 123 - 9(13370)
값 13,000원

하브루타 아빠의 특별한 자녀 교육법

토론
탈무드

양동일 지음

매일경제신문사

교육은 곧 '생각의 힘'을 키우는 것이다

전성수(부천대학교 교수, 하브루타교육협회장)

유대인의 정체성은 유대교에 기반을 두고 있고, 그들의 경전인 토라, 곧 구약성경이 핵심적 역할을 한다. 하지만 토라의 율법을 일상생활에 그대로 실천하는 데는 여러 가지 무리가 따랐고, 시대와 상황에 따라 해석이 필요했다. 그런 토라에 대한 주석과 해석이 구전으로 내려온 것이 구전 율법이다. 일상생활에서 어떻게 실천하는 것이 토라의 정신에 맞는 것인지 학자나 랍비들 사이에 서로 토론과 논쟁이 일어났다. 그런 토론과 논쟁은 시간이 흘러감에 따라 더 풍부해지고 다양해졌다. 해석과 주석에 대한 토론과 논쟁의 구전 율법을 편집한 것이 미쉬나이고, 그 미쉬나에 대한 토론과 논쟁을 모은 것이 게마라이며, 이 둘을 합친 것이 바로 탈무드다.

탈무드는 약 B.C. 500년부터 A.D. 500년까지 유대인들의 입에서 입으로 전해져 오던 것을 2,000여 명의 학자들이 수집하여 편찬한 방대한 기록이다. 모두 6부, 63제, 525장, 4,187절로 되어 있다.

손으로 직접 베껴 쓴 경우가 있었는데 100년 정도 걸렸다고 한다. 고대 아람어와 히브리어로 된 탈무드는 두꺼운 백과사전 수십 권 분량이다. 250만 단어, 12,000쪽에 이른다. 그러나 쪽수나 권수는 편집에 따라 차이가 있다. 2010년 이스라엘 랍비 아딘 스타인잘츠(Adin Steinzaltz)가 고대 아람어로 된 탈무드를 현대 히브리어로 번역을 해서 완간했다. 그는 이를 번역하는 데에 하루 16시간씩 45년 동안 사투한 끝에 6,000페이지, 46권으로 편집했다. 그는 이 작업을 27세 때인 1965년에 시작해서 2010년에 마쳤다.

탈무드는 토라와 삶의 간극을 연결하는 다리였다. 탈무드는 가르침을 무턱대고 받아들이는 사람은 권력과 자기 자신을 부패하게 한다고 했다. 유대인은 가르침, 통념, 권위, 관습 등을 무조건 받아들이지 않는다. 백지에 그림을 그리듯이 사고의 범위를 무한대로 열어 놓고 따져 묻는다. 그들이 자녀에게 가장 많이 하는 말은 마따호쉐프, 즉 "네 생각은 어떠니?"이고 그 다음으로 많이 하는 말이 "왜 그렇게 생각하니?"다. 그들은 항상 "과연 옳은 생각인가?", "다르게 볼 수는 없는가?", "더 좋은 방향은 없는가?", "다른 대안은 무엇인가?", "다르게 생각할 수는 없는가?" 등의 질문을 수없이 한다.

탈무드를 가지고 토론하면서 공부하는 방법이 바로 '하브루타'이다. 탈무드를 통한 하브루타 방법은 보통 본문을 먼저 큰 소리로 읽고 한 사람이 설명하고 해석하면 다른 사람이 반박하고, 그 반박에 대해 논리적으로 대응하는 과정으로 이루어진다. 그 과정에서 다양한 견해를 접하게 되고 그들 자신의 견해를 넘어 서는 생각을 하게 된다. 모든 학생들이 하브루타에 저절로 몰두하게 되며 학습과 사고 과정에서 자신만의 생각을 기른다.

공부나 교육은 시험보기 위해 하는 것이 아니라 생각의 힘을 키우기 위해서 한다. 생각의 힘은 질문과 토론으로 가장 잘 키울 수 있다. 생각의 힘을 키우는 하브루타는 노벨상 수상자 중 30%, 아이비리그 재학생 중 30%를 차지하는 등 각계각층에서 두각을 드러내는 유대인들의 성공비결이다.

탈무드를 통한 하브루타를 한국 상황에 맞게 자녀들과 직접 실천한 내용을 다룬 책이 출간되어 기쁘기 그지없다. 저자 양동일은 하브루타라는 단어를 배움과 동시에 실천에 옮겼고, 매일 저녁 자녀들과 치열한 하브루타의 시간을 가졌다. 그 결과 가장 먼저 가장으로서 본인의 모습이 달라지고, 몇 달 만에 자녀의 모습이 변화하였고, 가족 분위기가 전환되었다. 하브루타를 실천한 지 1년이 못 미쳐 하브루타 관련 저서 3권의 베스트셀러 작가가 되었다.

이 땅의 가정에서 부모와 자녀 사이에 활발하게 탈무드 하브루타가 이루어지고, 학교에서 학생과 학생 사이에 시끄러운 토론이 이루어지며, 이 나라 전체가 대화와 협의, 소통이 이루어지기를 간절하게 소망한다. 그렇게 행복과 성공을 한꺼번에 잡는 데 이 책이 시금석을 제공할 것이다.

자녀에게서 '선함'과 '위대함'을 이끌어내다

사람들에게 탈무드를 읽어본 적이 있냐고 물으면 시중에서 쉽게 구입할 수 있는 '이야기 탈무드' 정도는 읽어본 적이 있다고 대답하는 경우가 많다. 유대인의 '교육 서적'으로 잘 알려져 있기 때문에 조금만 관심 있는 부모라면 탈무드와 유대인 자녀교육 사이에 매우 밀접한 관계가 있다는 것을 알 수 있다. 하지만 우리가 알고 있는 탈무드는 탈무드 원전에 비하면 극히 일부분에 불과하다. 현재 알려져 있는 탈무드는 한국의 미군부대에 복무한 경험이 있는 랍비(Marvin Tokayer)가 일본에 체류할 때 집필한 것으로 전체 탈무드 원전에서 우화적인 소재 등 일반인이 쉽게 읽고 접근할 수 있는 부분만 발췌하여 엮은 것이다.

탈무드는 한마디로 하나님 말씀에 해당하는 '토라(모세오경)'에 대한 해설서 및 토론집이다. 유대인들은 수천 년 동안 보이지 않는 창조주의 생각이 담긴 토라에 대해 끊임없이 묻고 대답하며 대화와 토론, 그리고 논쟁을 해왔다. 그 기록이 바로 탈무드이며, 이렇게 대화·토론·논쟁 상대를 그들은 '하브루타'라고 이름지었다. 유대인 민족은 이것을 하나님의 명령으로 알고 생활 가운데 지켜 행한다. 그래서 그들이 "탈무드를 안다"고 말했을 때는 탈무드를 '그냥 읽는 것'에 그치지 않고 '하브루타와 함께 묻고 대답하며 그 안에 담긴 내용들을 깊게 파헤쳐 숨겨진 비밀과 의미를 깨달아가는 삶을 영위하고 있다'는 의미가 포함된다.

실제로 원전 탈무드는 히브리어와 영어판으로 되어 있는 것만 봐도 73권에 해당하는 방대한 분량이며 이는 브리태니커 백과사전의 약 3배에 달한다. 탈무드 원전을 하루 한 페이지씩 읽는 유대인 프로그램에 따라서 모두 읽는 데만 총 7년 5개월이 소요된다고 한다. 탈무드는 '바다'에 비유할 정도로 그 내용이 깊고도 넓다. 그런데 시중에 나와 있는 수많은 탈무드 관련 책들을 보면 대동소이하다. 표지와 디자인만 다를 뿐이다. 더구나 탈무드와 연계된 유대인의 자녀교육을 함께 체험하고 느끼는 데는 한계가 있다.

이 책은 탈무드의 이야기를 가지고 하브루타가 된 아빠가 직접 자녀들과 대화·토론을 함으로써 지혜를 나누는 방법을 소개하고 있다. 질문을 통해 아이들의 생각을 일깨우고, 생각한 것을 표현하게 하며, 나아가서는 표현한 것을 일상에서 실천하도록 한다. 이것이 탈무드의 하브루타 자녀교육이다.

'교육'이라는 뜻의 단어 'Education'의 어원인 라틴어 'Educare'의 뜻은 '밖으로 이끌어낸다'라는 의미를 가지고 있다. 유대인 부모들은 어린 자녀를 '아무 것도 없는 백지 상태'라고 보지 않고 창조주가 이미 자녀들의 유전자 속에 '선함과 위대함'을 포함시키셨다고 본다. 백지 상태라면 뭔가를 그려 넣어야 할 것 같고 가르쳐야 할 것 같은 부담이 있다. 하지만 유대인 부모들의 관점대로라면, 자녀들이 이미 가진 '선함과 위대함'이 발현될 수 있도록 격려하고 용기를 북돋아 주기만 하면 된다.

한국 부모들이 가장 흔히 범하는 잘못은 바로, '정답주의'와 '가르침 중독'이다. 이러한 정답주의와 가르침 중독만 탈피해도 자녀교육이 얼마든지 풍요로워질 수 있다. 탈무드는 한 가지 질문에 다양한 해답을 제시한다. 다양한 관점들이 부딪히면서 가장 합리적인 해답을 찾아나가는 것이다. 특이한 관점, 소수의견도 존중한다. 부모가 먼저 하나의 질문에도 수많은 해답이 존재한다는 사실을 인정하면 정답주의와 가르침 중독에서 벗어날 수 있다. 오히려 질문하는 것이 '배려'가 되고 '경청의 도구'가 된다는 사실을 깨닫게 된다.

부모가 자녀들에게 따뜻한 눈빛으로 질문을 건네면, 깜짝 놀랄 일들이 많이 일어난다. 아이들도 어른 못지않게 사고할 능력이 있으며, 어른들의 생각보다 창의적이고 혁신적일 때도 많다. 이것이 바로 내가 지금까지 가정에서 자녀들과 하브루타로 탈무드를 나누고 내린 결론이다. 많은 부모들이 이같이 놀라운 경험을 체험했으면 한다.

이 책을 집필하기까지 지금껏 내 삶을 인도하시는 하나님께 감사하고, 언제나 아낌없이 도움을 주신 하브루타교육연구소장 전성수 교수님과 탈무드교육전문가 김정완 이사님, 하브루타부모교육연구소 김금선 소장님과 염연경 이사님, 광명방송 심평섭 사장님께도 감사드린다. 그리고 평생 삼남매를 홀로 키워 오신 어머니 김용심 여사와, 사랑하는 아내 김정희, 딸 양주하, 아들 양준혁에게 이 책을 바친다.

양동일

Contents

추천사 ——————————————————————— 5
프롤로그 ———————————————————————— 9

Part 1 /
좋은 성품을 얻는 네 가지 방법

1. 언행

비싼 혀와 싼 혀 ———————————————— 24
게으름과 도둑질과 험담 ————————————— 31
복수와 증오의 차이 ———————————————— 38
똑같은 말이 다른 이유 ————————————— 47
자제력 ————————————————————————— 54
허락되는 거짓말 ————————————————— 61

2. 마음

마음 다스리기 —————————————————— 68
삶의 열매 ————————————————————— 75
희망 ——————————————————————————— 81

3. 사랑

가버린 이유 ———————————————————— 88
장님의 등불 ———————————————————— 93
구멍 난 배 ————————————————————— 98

4. 효도

효도의 의미 ———————————————————— 106
다이아몬드와 효도 ———————————————— 113

Part 2 /
배움을 찾아 떠나다

세상에 쓸모없는 것은 없다 ——————— 136
모방하지 않는 것이 닮았다 ——————— 144
모든 사람들이 잘못되었을 때 ——————— 148
약한 자도 존중해야 하는 이유 ——————— 153
다른 생각, 다른 표현, 다른 삶 ——————— 160
실천하기 위해서 배우다 ——————— 166
할아버지가 나무를 심은 이유 ——————— 172

Part 3 /
생각 주머니 키우기

1. 어떻게 배상해야 할까?

물동이의 배상문제 ——————— 183
황소의 피해 보상 문제 ——————— 192
상해의 피해 보상 문제 ——————— 200

2. 어떤 길이 옳은 길인가?

협상의 기술 ——————— 206
가정의 평화 ——————— 211
중용의 의미 ——————— 219
인스턴트 식품 ——————— 227
여성 상위 ——————— 232
지도자의 조건 ——————— 236

Part 4 /

지혜를 얻는 네 가지 방법

1. 보지 못한 것을 보아라
지혜에게 묻다 ———————————————— 252

2. 경험하지 못한 것을 경험하라
외모로 취하지 말라 ———————————————— 261

3. 불가능을 가능케 하라
보이는 것과 들리는 것에 집착하지 말라 ———————— 267

4. 불굴의 의지로 도전하라
저는 딸기가 먹고 싶습니다 ———————————— 273

참고문헌 ———————————————————————— 280

Part 1

좋은 성품을 얻는
네 가지 방법

실력보다 성품이 중요하다

요즘 학생들이 싫어하는 세 가지가 생각하기, 말하기, 글쓰기라고
한다. 가장 창의적이어야 할 학생들이 생각하기와 말하기, 그리고 글
쓰기를 싫어한다고 하니 우리의 교육이 어디로 가고 있는지 알 수가
없다.

학교 교육은 그저 듣고 외우고 시험보고 다시 잊기의 반복이다. 이
모든 것은 입시를 위한 주입식 교육의 산물이다. 그렇다면 그 다음은
무엇인가? 대부분의 학생들이 '대학 입학'을 최종목표로 공부하다 보
니 막상 대학에 입학하고 나면 공부는 '저 멀리'다.

단기간에 많은 양의 지식을 주입하는 교육이 근대화 시절, 문맹률
을 낮추고 개발도상국가로 발돋움하는 데 지대한 공헌을 한 것은 사
실이다. 하지만 이제 이런 교육 방식으로는 미래를 그리는 데 필요한
'창의성'을 육성하기 어렵다.

또한 학생들의 공부가 현실과 괴리되어 배운 것을 실천하는 것은
남의 나라 일이 되어 버린 지 오래다. 인간의 뇌는 무언가를 암기하거
나 지식을 저장하는 컴퓨터가 아니라 생각하고, 표현하고, 실천하는
데 필요한 창의력과 상상력의 보고이다. 아이들은 '표현 과정'을 통해
자연스럽게 사고력을 기르고 좋은 성품을 얻게 된다.

탈무드의 민족인 유대인들은 '하브루타'를 통해 자녀들을 교육한다. 하브루타란 서로 짝을 이루어 질문하고 대답함으로써 대화와 토론을 하는 유대인 전통의 문화다. 어려서부터 유대인들은 가정과 학교에서 하브루타를 시작하고 성인이 되면서 직장과 사회 어느 곳에서나 하브루타를 한다. 열린 마음으로 짝을 이루어 토론하다보면 생각이 정교해지며 함께 원하는 해답을 찾을 수 있다.

생각하기

배려 깊은 질문 하나가 아이들을 생각하게 하고 사고력을 기르도록 돕는다. 제시된 이야기는 흥미와 재미를 유발하며 그 속에 담긴 주제를 생각하다 보면 자연스럽게 '바람직한 성품'에 대해 고민하게 된다.

토론하기

유대인들은 '말로 표현할 수 없다면 모르는 것'이라고 생각한다. 모호한 생각을 명확하게 해주는 것이 바로 말로 표현하는 것이다. 또한 혼자 공부할 경우 자칫 독단에 빠질 수 있지만, 묻고 대답하는 토론 방식의 공부는 상대방에 대해 열린 생각을 갖게 한다. 말로 표현하는 것은 실천에 이르는 과정이기도 하다.

실천하기

　주입식 교육은 '듣고, 외우고, 시험보고, 잊기'의 반복이기 때문에 현실의 삶과 동떨어진 듯한 느낌을 받기 쉽다. 하지만 하브루타 교육은 생각한 것을 말로 표현하는 방식이기 때문에 실천에 옮기는 과정을 반드시 고려할 수밖에 없다. 대개 토론의 끝에는 항상, '언행일치'가 필요함을 깨닫게 되기 때문이다. 하브루타는 생각에서 토론으로, 토론에서 실천으로 이어지는 과정을 선물한다.

───────────────────────────────

오늘도 아빠는 일찍 가정으로 돌아와 아이들과 함께 식사하고 식탁에서 재미나고 즐거운 하브루타 시간을 갖는다.

아빠가 아이들에게 말했다.

"주하야, 준혁아. 아빠가 재밌는 이야기를 들려줄게."

아이들은 이내 귀를 쫑긋 세운다. 아빠가 이야기를 시작했다.

"어떤 유대인이 거리를 걷고 있었어. 그러다 건너편에서 마차가 다가오자 물었어."

"샤티마지 마을까지는 여기서 얼마나 되나요?"

"한 반 시간쯤 가는 거리입니다."

"죄송합니다만, 좀 태워주실 수 없을까요?"

아빠가 계속 말을 이었다.

"마차를 얻어 타고 반 시간 쯤 갔으나 마을이 나타나지 않자 유대인은 불안해졌어. 그래서 이렇게 물어봤지."

"샤티마지 마을까지는 아직도 멀었습니까?"

"약 한 시간 쯤 걸리죠."

"뭐라고요? 조금 전에는 반 시간이라고 하지 않았습니까?"

"그랬지만 이 마차는 반대 방향으로 가고 있으니까요…."

주하가 박장대소했다.

"하하하. 아빠 너무 웃겨요. 그러니까 반대 방향으로 탄 거네요."

아빠가 말했다.

"그래 맞아. 마차를 잘못 탄 거란다. 샤티마지 마을까지 얼마나 걸리냐고 물어봤지 이 마차가 거기까지 가냐고 물어본 것은 아니지."

주하가 말했다.

"재밌어요. 아빠. 이 이야기를 들으니까 지난번에 아빠가 해주신 '빠른 말과 느린 말 이야기'가 생각나요."

아빠가 말했다.

"그래그래, 그때도 빠른 말과 느린 말 이야기를 하면서 결국 속도보다는 방향이 중요하다고 말했었지?"

주하가 말했다.

"네."

아빠가 말했다.

"여기서 또 중요한 것은 사람도 실력보다 성품이 중요하다는 사실이야. 속도를 실력에 비유하자면 방향을 성품에 비유할 수 있지."

주하가 말했다.

"네, 알아요. 아빠."

아빠가 말했다.

"우리 주하도 실력을 키우는 것도 중요하지만 좋은 성품을 갖기 바란다."

주하가 대답했다.

"네. 아빠."

01

언행

비싼 혀와 싼 혀

● **탈무드 본문**

어느 날 랍비가 자신의 하인에게 시장에 가 맛있는 것을 골라서 사 오라고 주문했다. 그랬더니 하인은 혀를 사 왔다. 며칠 뒤 랍비는 또 하인에게 오늘은 좀 값이 싼 음식을 사 오라고 명했다. 그런데 하인은 이전과 같이 또 혀를 사 왔다.

랍비는 언짢아 그 까닭을 물었다.

"며칠 전 맛있는 것을 사 오라 했을 때 혀를 사왔는데, 오늘은 싼 음식을 사오라 했는데도 어째서 또 혀를 사왔느냐?"

그러자 하인은 이렇게 대답했다.

"좋은 것으로 치면 혀만큼 좋은 게 없고, 나쁜 것으로 치면 혀만큼 나쁜 것도 없기 때문입니다."

● 자녀와의 대화

식사가 끝난 후 아빠가 아이들과 하브루타를 하기 위해 아이들을 불러 모았다. 하브루타는 아이들과 짝을 이루어 대화, 토론, 논쟁하는 것으로 유대인들의 자녀 교육 방법으로 널리 알려져 있다.

"우리 주하, 준혁이 아빠랑 하브루타 하자."

준혁이가 먼저 소리를 지르며 달려왔다.

아빠와 아이들은 이 시간이 마냥 즐겁다. 아빠가 일찍 가정으로 귀가해 아이들과 한두 시간 시간을 보내는 것이 얼마나 큰 행복인지 모른다. 그런데 오늘따라 아내가 잠자리에 들면서 말한다.

"여보, 시간이 늦었는데 재워야 하지 않아요?"

아빠가 말했다.

"애들이 저렇게 좋아하는데 어떻게 해요? 주하, 준혁이 이쪽으로 오렴."

준혁이는 자연스레 아빠의 무르팍에 앉는다. 아빠가 이야기를 꺼냈다.

"오늘은 정말 재밌는 이야기인데 잘 들어봐. 어느 날 랍비가 하인에게 시장에 가서 가장 맛있는 음식을 사 오라고 말했어. 그랬더니 그 하인은 시장에서 혀 요리를 사가지고 온 것 아니겠니?"

아빠가 계속 이야기를 했다.

"랍비는 혀 요리를 맛있게 먹었어. 그런데 그 다음날에는 랍비가 돈이 궁했는지 이번에는 시장에서 가장 싼 음식을 사오라고 말했어. 그랬더니 이번에도 그 하인은 혀 요리를 사가지고 왔어."

아빠가 재밌다는 듯 말했다.

"어제도 혀 요리, 오늘도 혀 요리. 어제는 가장 맛있는 음식으로 혀 요리, 오늘은 가장 싼 음식으로 혀 요리. 어때 정말 재미있는 일이 벌어졌지?"

아이들도 궁금하다는 듯 눈이 동그래졌다. 아빠가 말했다.

"이것을 본 랍비는 하인에게 화를 냈어요. '아니, 어제는 맛있는 요리를 사 오랬더니 혀 요리를 사 오더니만 오늘 싼 음식을 사 오랬더니 또 혀 요리를 사 온 이유가 뭐냐?' 그러자 하인이 말했어요. '네. 선생님 세상에서 가장 값비싼 것이 혀이기도 하지만, 세상에서 가장 값싼 것이 혀이기 때문입니다' 그랬어요."

이야기가 끝났고 아빠가 준혁이에게 먼저 질문을 던졌다.

"자, 준혁아, 하인이 왜 이렇게 했을까."

준혁이가 대답했다.

"네. 돈이 하나도 없어서요."

아빠가 말했다.

"그래그래 잘 대답했다. 돈이 없어서 또 혀 요리를 사 온 거구나. 잘 대답했다."

준혁이가 알아맞혀서 기분이 좋았는지 흥겹게 대답했다. 아빠가 또 물었다.

"자. 그런데 아빠의 질문은 왜 어제 맛있는 것을 사 오라고 할 때도 혀 요리를 사 오고 오늘 싼 음식을 사 오라고 할 때도 혀 요리를 사 왔느냐는 거야. 똑같은 혀가 왜 맛있는 음식도 되고 값싼 음식도 되냐는 거지. 하인이 진짜 하고 싶었던 말은 뭘까요?"

이번에는 주하가 대답했다.

"아빠, 비싼 혀는 좋은 말, 칭찬, 잘못했어도 꾸짖지 않고 부드럽게 말하는 것이고 싼 혀는 나쁜 말을 많이 하거나 욕하는 것, 흠잡는 것 이에요."

아빠가 말했다.

"음. 잘 대답했다. 똑같은 혀라도 어떤 말을 할 때는 값비싸고 귀중한 혀가 되고 어떤 말을 할 때는 싸구려 혀가 되는구나."

준혁이가 한마디 하면서 끼어들었다.

"아빠, 독뱀의 혀는 싸요. 독이 없는 혀가 착한 거예요."

아빠는 아들의 작은 입에서 나오는 말이 너무 귀여워서 말을 이었다.

"그래그래 준혁아, 독이 들어 있는 혀는 싼 혀고, 독이 없는 혀는 착한 말을 하는 거구나."

준혁이가 더 신이 났다. 아빠가 또 말했다.

"그럼. 우리가 똑같은 혀를 가지고 좋은 일을 할 수도 있고 나쁜 일을 할 수도 있겠네. 주하야, 혀를 가지고 할 수 있는 좋은 일은 무엇일까?"

이번에는 주하가 말했다.

"칭찬, 위로, 격려, 배려, 표현하는 것, 위하는 마음, 희망, 좋은 말로 설득하는 거예요."

아빠가 물었다.

"그래그래 잘 말했구나. 자, 준혁이는 어때? 어떻게 하면 혀를 가지고 좋은 일을 할 수 있을까?"

준혁이가 대답했다.

"네. 기쁘게 하는 말, 고마워하는 말, 예뻐해 주는 말, 사랑해 주는 말, 나쁜 말로 안 하고 친하게 지내는 것, 좋아하는 마음의 표현, 친구 배려, 위로하는 마음, 사랑하는 거예요."

아빠가 또 물었다.

"그럼. 이번에는 혀가 싸구려가 되는 때는 언제일까? 주하가 먼저 말해 봐."

주하가 대답했다.

"네. 욕하는 거, 질투, 시기, 흠잡는 것, 배신, 화내는 거, 원망하는 거, 우리나라 욕하는 것이요."

아빠가 대답했다.

"그래. 잘 했다. 그렇게 하면 값싼 혀가 돼버리겠네? 준혁아, 어떤 때 혀가 싸구려가 될까요?"

이번에는 준혁이가 대답했다.

"네. 아빠, 너무한 것, 표현하지 않는 마음, 독을 내는 것, 나쁜 표현, 악마, 배신하는 거예요."

아빠가 준혁이를 칭찬해 주었다.

"그래. 준혁이도 아주 잘했어요. 그런 마음을 말로 표현하면 값싼 혀가 돼버리겠네. 우리 주하, 준혁이. 오늘 너무 잘했다. 그래서 우리는 혀와 입을 잘 사용해야겠지?"

두 아이가 입을 모았다.

"네. 아빠."

아이들의 입에서 이렇게 귀하고 값진 말들이 나올 수 있다는 게 대견스럽기만 하다.

게으름과 도둑질과 험담

• 탈무드 본문

옛날에 세 딸을 둔 사나이가 있었다. 세 자매는 모두 예뻤으나, 그들은 제각기 한 가지씩 결점을 가지고 있었다. 큰딸은 게으름뱅이이고, 둘째 딸은 도벽이 있고, 셋째 딸은 남을 잘 헐뜯는 버릇이 있었다.

한편, 아들 삼 형제를 둔 어떤 부자가 있었는데, 세 딸을 모두 며느리로 삼고 싶어했다. 세 자매의 아버지가 자기 딸들이 가지고 있는 결점을 있는 그대로 말하자, 부자는 그런 점은 자신이 책임질 수 있다며 호언장담했다.

이렇게 하여 세 자매는 같은 집으로 시집을 가게 되었다. 시아버지는 게으름뱅이 첫째 며느리에게 여러 명의 하녀들을 고용해주었고, 남의 것을 훔치는 버릇이 있는 둘째 며느리에게는 큰 창고의 열쇠를 주어 무엇이든지 갖도록 해주었다. 그리고 남을 헐뜯기 좋아하는 셋째 며느리에게는, 매일같이 오늘은 험담할 것이 없느냐고 물었다.

어느 날 친정아버지는 딸들이 어떻게 지내고 있는지 궁금하여 사돈댁을 찾아갔다. 큰딸은 얼마든지 게으름을 피울 수 있어 즐겁다고 말했고, 둘째 딸은 갖고 싶은 것은 무엇이든지 가질 수 있어 좋다고 말했다. 그러나 셋째 딸은 시아버지가 자신에게 남녀 관계를 꼬치꼬치 묻기 때문에 귀찮다고 말했다.

그런데 친정아버지는 셋째 딸의 말만은 믿지 않았다. 왜냐하면 셋째 딸은 시아버지까지도 헐뜯고 욕할 사람이기 때문이다.

아이들이 좀 더 집중력 있는 사고를 하게 하기 위해 간단한 시청각 도구를 이용한다. 바로 백지에 그림을 그려 가면서 이야기를 전개하는 것이다.

처음에 딸아이가 '졸라맨'들이라고 했을 때 무슨 말인지 못 알아들었다. 나중에서야 그것이 애니메이션에 등장하는 캐릭터라는 것을 알고 웃지 않을 수 없었다. 어쨌든 아빠의 백지 그림에는 많은 졸라맨들이 등장한다.

아빠가 아이들을 불렀다.

"주하야, 준혁아, 이리 온. 아빠랑 하브루타 하자."

아이들이 한 목소리로 대답했다.

"와."

아빠가 이야기를 시작했다.

"옛날 어느 마을에 세 딸을 둔 사람이 있었어. 그 딸들은 매우 예뻤지만 각각 한 가지씩 결점을 가지고 있었어. 첫째 딸은 게으름뱅이고, 둘째 딸은 물건을 훔치는 버릇이 있었으며, 셋째 딸은 남을 흠잡는 습관을 가지고 있었지. 어느 날 아들 삼 형제를 둔 이웃 마을 부자가 이 세 딸을 모두 자기네 집으로 시집보내지 않겠냐고 청하는 것 아니겠니? 세 자매의 아버지가 자기의 딸들이 가지고 있는 결점을 말하자, 그런 점은 자신이 책임지겠다고 장담했어. 이렇게 해서 세 자매는 시집을 오게 되었는데, 시아버지는 다음과 같은 방법을 썼지. 첫째 며느리에게는 여러 명의 하녀를 두게 하였고, 둘째 며느리에게는 큰 창고 열쇠를 맡겨 무엇이든 가지게 했어. 그리고 마지막 며느리에게는 매일같이 찾아가 오늘은 험담할 것이 없냐고 물어봤지."

아이들의 눈이 이야기에 몰입되어 빛나기 시작했다.

"어느 날 친정아버지가 딸들이 어떻게 지내나 궁금해서 사돈댁을 찾아왔어. 큰딸은 '얼마든지 게으름을 피울 수 있어 즐겁다'고 했고, 둘째 딸은 '갖고 싶은 것은 무엇이든 가질 수 있어 좋다'고 말했어. 그러나 셋째 딸은 '시아버지가 자신에게 남녀관계를 꼬치꼬치 캐물어서 아주 귀찮다'고 했지. 친정아버지는 셋째 딸의 말만은 믿지 않았어. 왜냐하면 셋째 딸은 시아버지까지도 헐뜯고 욕할 사람이라 생각했기 때문이지. 자, 그럼. 아빠가 하나씩 질문해볼게. 준혁아, 세 딸이 가지고 있는 결점은 무엇일까? 하나씩 말해보렴."

준혁이가 말했다.

"한 사람은 게으르고요, 한 사람은 도둑질을 좋아하는 것, 한 사람은 다른 사람 흉보는 것이에요."

아빠가 다시 물었다.

"준혁아, 그럼 게으른 것이 무엇인지 아니?"

준혁이가 대답했다.

"네. 늦게 일어나고요 일을 안 하는 거예요."

아빠가 말했다.

"아주 잘했어. 그럼 주하야, 왜 세 아들을 가진 부자가 세 딸을 모두 맞아들이려 했을까?"

주하가 말했다.

"네. 그런 결점들을 고칠 수 있는 자신이 있어서요."

아빠가 다시 물었다.

"그럼 부자는 세 딸의 결점을 어떻게 보완했을까? 그리고 왜 그랬을까?"

주하가 대답했다.

"네. 게으르니까 하녀 여러 명을 주면 일을 시켜야 하고요, 창고 열쇠를 주면 더 이상 훔칠 것이 없고, 아침마다 가서 흠잡을 것이 없냐고 물으면 나중에는 더 이상 흠잡을 것이 없어질 것 같아요."

아빠가 다른 질문을 던졌다.

"그런데 주하야, 세 자매의 아버지는 왜 셋째 딸의 말을 믿지 않았지?"

주하가 대답했다.

"음…. 아버지 앞에서 대답하는 순간조차 그 아버지를 욕하니까."

아빠가 다시 물었다.

"그럼 세 가지 단점 중 가장 나쁜 것은 무엇일까? 왜 그럴까?"

주하가 대답했다.

"음. 헐뜯는 거예요. 왜냐면 아빠도 딸을 믿을 수 없어요."

아빠가 또 물었다.

"그럼 다른 단점들인 게으른 것과 훔치는 것은 나쁘지 않을까?"

주하가 대답했다.

"그것도 나쁘지만…."

아빠가 말했다.

"아빠 생각에는 게으른 것은 자기 자신에게서 시간을 훔치는 거라고 생각해."

아빠가 말을 계속 이어갔다.

"그런데 훔치는 것은 남에게 피해를 주지."

아빠가 이어서 말했다.

"그런데 남을 헐뜯는 것이 가장 나쁜 이유는 남의 마음에 상처를 주기 때문이야. 그리고 한 사람에게만 상처를 주는 것이 아니라 그 이야기를 듣는 사람과 헐뜯고 있는 자신까지 결국 세 사람에게 큰 피해가 되기 때문이지."

주하가 대답했다.

"네."

아빠가 말했다.

"그렇다고 게으른 것과 훔치는 것이 좋다는 뜻은 절대 아니야. 만약에 그 시아버지가 쫄딱 망한다면 어떻게 될까?"

주하가 대답했다.

"아빠, 그러면 딸들이 다시 예전으로 돌아갈 것 같아요."

아빠가 말했다.

"그래 잘 말했다. 그래서 아빠 생각은 부자일 때나 가난할 때나 게으르지 않고, 남의 물건을 탐하지도 않고, 남을 헐뜯지 않는 마음가짐을 가져야 한다고 생각해요."

주하가 말했다.

"네. 아빠."

아빠가 아이들과 대화를 많이 할수록 아이들의 지혜가 더 커진다는 사실을 알 수 있다.

복수와 증오의 차이

• 탈무드 본문 1

어떤 남자가 말했다.

"자네가 가지고 있는 솥을 좀 빌려 주게나."

그러자 상대는 "싫다"며 한마디로 거절했다. 며칠이 지난 뒤 이번에는 반대로 앞서 거절했던 그 남자가 찾아와 "자네의 말을 좀 빌려 주게"하고 부탁했다. 그러자 그는 이렇게 말했다.

"자네가 솥을 빌려 주지 않았으니까, 나도 말을 빌려 줄 수가 없네."

이것은 복수다.

또 다른 어떤 남자가 말했다.

"자네가 가지고 있는 솥을 좀 빌려 주게나."

그러자 상대는 "싫다"고 한마디로 거절했다. 며칠이 지난 뒤 이번에는 반대로 앞서 거절했던 그 남자가 찾아와 "자네의 말을 좀 빌려 주게"하고 부탁했다. 그러자 그는 이렇게 말했다.

"자네는 자네가 가지고 있는 솥을 내게 빌려 주지 않았으나, 나는 자네에게 내 말을 빌려 주겠네."

이것은 증오다.

• 탈무드 본문 2

사자 목구멍에 뼈가 걸렸다. 사자는 누구라도 자기 목구멍에서 뼈를 빼주는 자에게 상을 주겠노라고 외쳤다. 그때 한 마리의 학이 날아와 사자를 구해주겠다고 말하고는 사자에게 입을 크게 벌리라고 했다.

학은 사자 입안에 긴 부리를 집어넣고는 사자 목에 걸린 뼈를 간단히 꺼냈다. 그러고는 "무슨 상을 주겠느냐?"고 물었다. 그러자 사자는 학이 무엇을 주겠느냐고 묻는 말투에 그만 울화가 치밀어 퉁명스럽게 말했다.

"내 입안에 머리를 넣고도 살아날 수 있었다는 게 바로 내가 주는 선물이다. 그렇게 몹시 위험한 상태에서도 살아 돌아갈 수 있다는 것이 평생 자랑거리가 될 것이다. 그 이상은 없다."

• 자녀와의 대화

아빠가 뜬금없이 물었다.

"주하야, 혹시 '복수'라는 말의 뜻을 아니?"

주하가 대답했다.

"네. 근데 준혁이 먼저 질문하면 안 돼요? 준혁이가 자꾸 저를 따라 하잖아요."

아빠가 말했다.

"그래그래, 알았다. 준혁아, 우리 준혁이는 '복수'라는 것이 무엇이라고 생각해?"

준혁이가 대답했다.

"친구에게 나쁜 짓 하는 거예요."

아빠가 말했다.

"그래 맞았다. 이번에는 주하가 한번 말해볼래?"

주하가 자신 있게 말했다.

"네. 친구가 뭔가를 나에게 나쁜 짓을 했을 때 나도 똑같이 친구에게 하는 거예요."

"그래 주하도 말 잘했구나. 그럼 이번에는 '증오'가 무엇인지 아니?"

주하가 말했다.

"아니요. 그건 잘 모르겠어요. 힌트 좀 주세요."

아빠가 말했다.

"음…. 너희들에게는 매우 어려운 단어일 수 있겠구나. 증오는 미움과 분노가 마음속에 커다랗게 있는 것이란다. 아빠 이야기를 잘 들어보렴."

아빠가 탈무드의 이야기를 시작했다.

"어떤 사람이 솥단지가 필요해서 이웃 사람에게 빌리러 갔더니 그 이웃 사람이 솥단지를 빌려 주지 않았단다. 그런데 어느 날엔 솥을 빌려주지 않았던 사람이 말이 필요해서 자신에게 솥을 빌리러 왔던 사람에게 말을 얻으려고 갔더니 그 사람이 이렇게 말했단다. '당신이 내게 솥단지를 빌려주지 않았으니 나도 당신에게 말을 빌려주지 않겠소'라고 말야."

아빠가 아이들에게 물었다.

"바로 이것을 복수라고 한단다. 그럼 여기서 복수는 어떤 의미가 있을까?"

주하가 대답했다.

"네. 아빠. 상대방이 한 짓을 내가 똑같이 되갚아 주는 게 복수예요."

아빠가 말했다.

"그래 맞았다. 솥단지와 말은 서로 다르지만 앙갚음으로 빌려주지 않았으니 복수를 한 거지. 그럼 다음 이야기를 들어 보렴."

아빠가 비슷하지만 조금 다른 이야기를 들려주었다.

"어떤 사람이 솥단지가 필요해서 이웃 사람에게 빌리러 갔더니 그 이웃 사람이 솥단지를 빌려 주지 않았단다. 그런데 어느 날 솥을 가진 사람이 말이 필요해져 자신에게 솥을 빌리러 왔던 사람에게 구하러 갔더니 그 사람이 이렇게 말했단다. '당신은 내게 솥단지를 빌려주지 않았으나 나는 당신에게 말을 빌려주겠소'라고 말야."

아빠가 질문했다.

"이걸 바로 '증오'라고 한단다. 왜 그럴까?"

주하가 반문했다.

"네? 아빠 이상해요. 빌려줬으면 고마운 일인데 왜 그게 나쁜 거예요?"

아빠가 말했다.

"글쎄 그러고 보니 아빠도 좀 이상한데 왜 그럴까. 복수는 받은 그대로를 앙갚음 했으니 그걸로 끝났는데…."

주하가 뭔가를 생각했다는 듯이 말했다.

"아! 아빠 알겠어요. 증오는 마음속으로 나중에 내가 솥단지를 빌리려 갈 때 안 빌려주면 화를 낼 것이라는 뜻인 것 같아요."

아빠가 말했다.

"그래그래 그 말도 일리가 있구나. 말을 빌려주는 사람이 지금까지 미운 마음을 갖고 있었고 그것을 말로 표현한 것 같구나. 상대방에게 '당신이 빌려주지 않았는데 난 빌려주겠다'고 이야기하면 상대방은 어떤 기분이 들까?"

주하가 대답했다.

"아빠, 기분 나쁠 것 같아요. 치사한 마음 같은 거요."

"왜? 빌려줘서 고마운 것 아닐까?"

주하가 대답했다.

"네. 하지만 옛날에 안 빌려준 것을 이야기하면 창피할 것 같아요."

아빠가 말했다.

"그래, 아빠도 그런 생각이 들 것 같구나. 그럼 만약에 주하라면 솥단지를 빌려주지 않은 사람에게 어떻게 할 것 같아?"

주하가 말했다.

"네. 그냥 아무 말 없이 빌려줄 거예요. 옛날 일 안 말하고요."

아빠가 다시 말했다.

"그래. 아무리 좋은 일도 어떻게 표현하느냐가 중요한 것 같구나. 선한 일을 하면서도 상대방이 굴욕감을 느끼게 한다면 좋은 일을 해놓고도 결코 좋은 기분을 만들지 못할 것 같네."

이번에는 아빠가 다른 이야기를 꺼냈다.

"표현하는 방법으로 치면 비슷한 이야기가 또 있단다. 어느 날 사자의 목에 가시가 걸리게 되었는데 사자는 자기 목구멍에서 가시를 빼내어 준 사람에게는 상을 주겠다고 했단다. 그때 두루미 한 마리가 날아와서 자신이 사자의 어려움을 도와주겠다며 입을 크게 벌리라고 했단다. 사자는 결국 두루미의 도움으로 목에 걸린 가시를 뺄 수 있게 되었지. 두루미는 자기의 긴 부리를 이용해서 너무나도 간단하게 가시를 뺐던 거야. 그러고는 이렇게 물었단다. '자 이제 내가 가시를 빼주었으니 무슨 상을 주겠느냐?'하고 말야. 그런데 이번에는 사자가 무엇을 주겠느냐는 말투에 울화가 치밀어 이렇게 말했단다. '네가 내 목 안으로 부리를 넣고서도 살아남을 수 있었다는 것 그 자체가 선물이다. 내 목에 너의 부리를 집어넣었다는 것이 평생 자랑거리가 될 것이다. 그 이상은 없다'라고."

아빠가 질문하기 시작했다.

"주하야, 참 재밌지? 웃기지 않니? 우리 옛말에도 '물에서 건져주니 보따리 내놓으라 한다'하는 말이 있고 '화장실 갈 때 기분과 올 때 기분이 다르다'는 말이 있단다. 두루미의 표현에는 어떤 잘못이 있었을까?"

주하가 대답했다.

"아빠, 두루미는 착한 일을 하고서 너무도 당당하게 상을 요구한 것 같아요. 명령 같은 거 말고 좀 부드럽게 부탁했으면 되었을 것을…"

아빠가 말했다.

"그래그래, 아니면 좀 기다리든가. 그런 것도 방법이겠구나. 좋은 일을 하고서도 거만하게 뽐내거나 그것을 빌미로 대가를 요구하는 태도는 문제가 있을 것 같구나."

똑같은 말이 다른 이유

● 탈무드 본문

유대인 학생들이 학교에서 탈무드를 공부하던 중 의문이 하나 생겼다. 탈무드를 공부하면서 담배를 피워도 되는지 안 되는지 궁금했던 것이다. 그러던 중 한 학생이 랍비에게 물었다.

"선생님, 탈무드를 공부할 때 담배를 피워도 괜찮습니까?"

"안 돼."

랍비는 딱 잘라 말하며 이맛살을 찌푸렸다. 그 이야기를 들은 다른 학생이 말했다.

"너는 묻는 방법이 틀렸어. 이번에는 내가 가서 물어볼게."

그러고는 랍비에게 달려가서 물었다.

"선생님, 담배를 피우는 동안에도 탈무드는 읽어야겠지요?"

"그렇지, 읽어야 하고 말고."

랍비는 주저 없이 대답하면서 흡족한 표정을 지었다.

● 자녀와의 대화

말의 중요성은 아무리 강조해도 지나치지가 않다. 이번 하브루타의 주제는 바로 '말 한마디의 힘'이다.

"주하야, 준혁아, 잘 들어봐. 어떤 큰 부자가 있었는데 그 아들이 머나먼 나라에서 공부를 하고 있었어. 그러던 어느 날 아들은 아버지에게 편지를 썼어. 그 부자는 비서에게 편지를 읽혔는데 그 비서는 편지를 읽는 기분이 영 내키지 않아서 그런지 목소리에 짜증이 섞여 있었어. 그래서 불퉁스럽게 읽었지. '아버지. 저에게 빨리 돈을 보내주세요. 저에게는 새 신발과 옷이 필요합니다'. 그 내용을 들은 아버지가 크게 소리쳤어. '이런 무례한 녀석이 있나. 그런 불손한 태도로 아버지에게 편지를 쓰다니. 그 놈에게는 한 푼도 보내주지 마시오'라고 말야. 그런데 그 편지는 부자의 부인에게 전달되었고 그날 밤 부인은 남편에게 편지를 읽어주게 되었어. 그 부인은 엄마의 마음으로 애절하게 기도하듯 읽어 내려갔지."

아이들이 호기심을 가지고 이야기에 빠져들었다.

"부인은 간곡한 어조로, '아버지. 저에게 빨리 돈을 보내주세요. 저에게는 새 신발과 옷이 필요합니다'라고 말했지. 그 이야기를 듣던 아버지는 이렇게 말했어. '이번에는 아주 다른 걸. 아주 신사처럼 요청하고 있군. 어서 돈을 붙여 줘야겠어. 진작 그렇게 나올 것이지. 허허' 하고 말야."

아빠가 준혁이에게 먼저 물었다.

"준혁아, 어때? 왜 똑같은 말이 어떤 사람이 말할 때는 무례하고 불쾌하게 들리는데 또 어떤 사람이 말할 때는 신사적으로 들리지?"

준혁이가 대답했다.

"네. 아빠 하인은 세게 말했고요, 부인은 친절하게 말했어요. 천사처럼요."

아빠가 말했다.

"그래그래, 똑같은 말도 그 말투에 따라 이렇게 정반대의 뜻이 될 수 있겠구나. 주하는 어떻게 생각해? 왜 첫 번째 비서와 두 번째 부인이 똑같은 말을 했는데도 다르게 들렸을까?"

이번에는 주하가 대답했다.

"아빠, 첫 번째 사람은 짜증을 내며 말했고요, 두 번째 사람은 부드럽게 말했어요."

아빠가 말했다.

"그래, 맞아. 말이란 이렇게 달라질 수 있단다. 그런데 준혁아, 마찬가지로 엄마가 부르실 때 준혁이가 성난 목소리로 '엄마 왜요?'하는 것과 사랑스런 목소리로 '엄마 왜요?'하는 것은 어떻게 다르지?"

준혁이가 말했다.

"아빠, 1번이 더 세게 말했고 2번은 귀엽게 말했어요."

아빠가 말했다.

"그래, 그럼 준혁이도 앞으로 엄마가 부르실 때 그렇게 대답하면 좋겠지? 가령 성난 목소리로 '엄마 싫어'하는 것과 사랑스런 목소리로 '엄마 싫어'하는 것 중 어떤 게 좋을까."

이번에는 주하가 말했다.

"2번이 더 좋아요."

아빠가 말했다.

"그래 맞아 주하야, 주하가 동생에게 말할 때도 같은 말이라도 부드럽게 이야기하는 게 좋겠지?"

주하가 말했다.

"네. 아빠."

"재밌지? 이번에는 다른 이야기를 들려줄게. 학생들이 학교에서 탈무드를 공부하는 도중 한 가지 궁금한 게 생겼어. 탈무드를 공부하면서 담배를 피워도 되는지 안 되는지 궁금했던 거야. 그러던 중 한 학생이 랍비께 가서 물어보았지. '선생님, 성경을 공부할 때 담배를 피워도 괜찮습니까?'. 랍비 선생님은 인상을 잔뜩 찌푸리며 안 된다고 말했어. 주혁이는 어떻게 생각하니? 탈무드를 보면서 담배를 피우는 것이 괜찮다고 생각하니?"

"응…. 잘 모르겠지만…. 안 피우는 게 좋겠어요."

"그래 그것은 좀 나중에 이야기하자. 그런데 이 이야기를 들은 다른 학생은 이렇게 말했지. '넌 묻는 방법이 틀렸어. 이번에는 내가 가서 물어볼게'라고 말야. 그러고는 랍비께 가서 이렇게 물었어. '선생님, 담배를 피우는 동안에도 탈무드를 읽어야겠지요?' 랍비는 흡족한 표정을 지으면서 주저 없이 말했어요. '그렇지. 읽어야 하고 말고'."

주하가 말했다.

"아빠, 재밌어요."

"그래 두 번째 학생은 참 영리한 학생이지? 그런데 주하야, 첫 번째 질문과 두 번째 질문은 어떻게 다르지? 어떻게 말하느냐에 따라 상대방이 받아들이는 게 다른가 하면 또 어떻게 질문하느냐에 따라 다른 결론이 날 수가 있단다. 만약에 주하가 놀고 싶어서 엄마에게 이렇게 여쭤봤다고 생각해 보자. '엄마 놀고 나서 숙제하면 안 돼요?'라고 말야."

아빠가 계속 말을 이었다.

"이것과 반대로 '엄마, 숙제 먼저 하고 놀아도 되지요?'라고 말하면 어떨까?"

"엄마 숙제 먼저 하고 놀아도 되지요?"

아빠가 물었다.

"어때? 똑같은 내용인데 좀 다르지 않니?"

주하가 대답했다.

"네."

아빠가 말했다.

"그래서 말할 때나 질문할 때 그 말투와 방법도 매우 중요하단다.
똑같은 말이지만 전혀 다르게 결론이 날 수 있거든."

자제력

● 탈무드 본문

어떤 왕이 병이 들었다. 의사는 세상에 보기 드문 병이어서 왕의 병이 나으려면 암사자의 젖을 먹어야만 낫는다고 말했다. 그러나 어떻게 암사자의 젖을 구하느냐 하는 것이 문제였다.

그런데 어떤 영리한 신하가 사자가 있는 동굴 가까이에 가서 밖으로 나온 사자 새끼들을 한 마리씩 어미 사자에게 넣어 주었다. 열흘쯤 지나자, 그 사람은 어미사자와 친하게 되었다. 그래서 그는 왕의 병에 쓸 사자의 젖을 조금씩이나마 짜낼 수가 있었다.

왕궁으로 돌아오는 길에, 그는 자기 몸의 각 부분이 서로 말다툼을 하고 있는 꿈을 꾸었다. 그것은 몸 안에서 어느 부분이 가장 중요한 일을 맡고 있는가에 대한 언쟁이었다. 발은 자신이 없었더라면 사자가 있는 동굴까지 갈 수 없었을 것이라고 말했다. 눈은 자기가 아니었다면 볼 수가 없어서 그곳까지 갈 생각도 못했을 것이라고 주장했고, 심장은 자기가 아니었다면 감히 사자 가까이에 가지도 못했을 것이라고 말했다. 혀는 이렇게 말했다.

"만약 내가 말을 할 수 없었다면 너희들은 아무런 소용도 없을 것이야."

그러자 몸 안의 각 부분들이 모두 나서며 혀를 윽박질렀다.

"뼈도 없고 아무 소용도 없는 조그만 것이 건방지게 굴지 마."

혀는 아무 말도 못했다.

그런 가운데 젖을 구한 신하가 궁전에 도착하자 혀는 이렇게 말했다.

"누가 제일 중요한지 너희들에게 알려 주마."

신하가 왕 앞에 엎드려 젖을 내놓자 왕이 물었다.

"이것이 무슨 젖이냐?"

신하가 느닷없이 대답했다.

"네, 이것은 개의 젖이옵니다."

조금 전까지 혀를 윽박지르던 몸의 각 부분들은 그제야 혀의 힘이 얼마나 큰지 깨닫고, 혀에게 잘못을 빌었다. 혀는 그 말을 듣고 이렇게 말했다.

"아니요, 제가 말을 잘못했습니다. 이것은 틀림없는 암사자의 젖이옵니다."

● 자녀와의 대화

부산에 아빠의 하브루타 친구가 생겼다. 생전 얼굴 한 번 보지 못한 예비 아빠다. 너무나 반가운 나머지 장시간 통화하느라 아이들과 하브루타 하는 시간에 늦어버렸다.

아빠가 말했다.

"애들아. 오늘은 아빠가 부산에 하브루타 친구가 생겨서 너무 늦어버렸구나."

뭔가 서운한 눈빛이 역력했다. 아빠가 말했다.

"허허. 지금 밤 11시가 넘었는데 아빠랑 하브루타 하고 싶어? 안 졸리니?"

주하가 말했다.

"아빠, 하브루타 하고 싶어요."

아빠는 하는 수 없이 하브루타를 할 수밖에 없다.

"좋다. 그럼 아빠 이야기를 잘 들어봐."

아빠의 이야기가 시작되었다.

"옛날 어느 왕이 큰 질병에 걸렸어. 왕의 질병은 사자의 젖을 먹어야 나을 수 있다고 판명이 났지. 왕은 사자의 젖을 구해온 사람에게 큰 상을 내리겠노라고 말했어."

아이들의 눈이 빛나기 시작했다. 그 무서운 사자에게서 어떻게 젖을 구할 수 있을까?

"어느 누구도 사자의 젖을 구해 오겠노라고 자청한 사람이 없었어. 상은커녕 암사자의 젖을 짜는 것은 곧 죽음을 의미하는 것이니까."

준혁이가 말했다.

"아빠, 사람들이 무서워서 못할 것 같아요."

아빠가 말을 이었다.

"그렇지. 그러던 어느 날 한 용감한 사나이가 이 일을 자청하고 나섰어. 이 사나이는 먹을 것을 가져다가 사자의 새끼에게 나눠주면서 한 마리, 한 마리씩 사자에게 들여보내 어미사자랑 친해졌어. 세상의 어떤 부모도 아이에게 관심 갖는 사람을 미워할 수는 없어."

주하가 물었다.

"네. 아빠 그래서 어떻게 됐어요?"

아빠가 말이 이었다.

"그래서 결국 어미사자의 젖을 얻게 되었어. 그런데 문제는 그 다음에 일어났어. 젖을 가지고 돌아오는 길에 신체 부위들이 서로 자신의 공로가 가장 크다며 다투는 꿈을 꾸었지."

아이들이 재밌다는 듯이 입가에 미소를 띠었다.

"제일 먼저 머리가 말했어. '내가 좋은 아이디어를 내지 않았다면 사자의 젖을 구할 수 없었을 것이다'라고. 그 다음은 심장이 반박했지. '만약 좋은 아이디어를 가지고 있어도 용기가 없으면 구할 수 없었을 것이다'라고 말이야. 이에 지지 않고 발이 반박했어. '아무리 좋은 아이디어와 용기가 있어도 발이 없으면 갈 수 있을까?'."

준혁이가 큰 소리로 말했다.

"아빠, 손도 말했을 것 같아요. '아무리 발로 갔지만 손이 없으면 젖을 짤 수 있었을까'라고요."

아빠가 말했다.

"그래 맞아 준혁아, 그 다음은 눈이 반박했어. '만약에 눈이 없다면 사자 굴을 어떻게 찾아갈까?'. 그 다음은 귀가 반박했어. '만약에 귀가 없다면 왕이 한 말을 들을 수 있었을까?'. 가장 마지막으로 혀가 말했어. '모든 것이 있다하더라도 혀가 없으면 왕에게 말을 할 수 있을까?'

하고 말이야."

계속해서 아빠가 말했다.

"애들아. 결론이 어떻게 났을까?"

주하가 말했다.

"아빠, 정말 재밌어요. 빨리 말해주세요."

아빠가 이야기를 계속했다.

"마지막 혀의 말을 들은 온 몸의 부분들이 혀에게 반박했어. '아니. 뼈대도 없이 말랑말랑한 혓바닥 주제에 어딜 감히 나서느냐'라고 말했지. 모두들 혀의 뼈대 없음과 무가치함을 주장했어. 그러자 혀가 말했어. '그래 알았어. 그럼 어떻게 될지 한번 보자'."

아이들이 아빠에게 더 가까이 다가왔다. 이야기의 결말이 궁금하다는 눈치다.

"용감한 사나이가 사자의 젖을 가지고 왕궁에 도착해서 왕에게 말했어. '제가 가지고 온 것은 사자의 젖이 아니라 개의 젖입니다'. 그러자 모든 몸의 부분들이 소리쳤어. '아니! 일을 망치려고 그러느냐. 우리가 언제 개 젖을 구해왔어. 빨리 사자의 젖이라고 말해!' 혀가 말했어. '너희들이 나를 하찮게 여기니 나는 제멋대로 말을 할 수밖에'."

아빠가 말을 이었다.

"그제야 모든 몸의 부분들이 무엇보다 귀중한 것이 혀라는 것을 알게 되었어."

아빠는 이야기를 마치고 아이들에게 질문을 던졌다.

"주하야, 준혁아. 너희들은 무엇이 가장 중요하다고 생각해?"

주하가 말했다.

"아빠, 혀예요. 아무리 노력해도 혀가 잘못 말하면 수포로 돌아가요."

아빠가 말했다.

"그래 맞다. 이만큼 우리의 말과 혀는 자제력이 있어야 한단다."

허락되는 거짓말

식사를 마친 주하에게 오늘 어떤 일이 있었는지 물어보았다. 재미난 일이든 슬픈 일이든 아무거나 말하도록 한다. 주하는 오늘 아침 교회 가는 길에 경비 아저씨께 인사했던 이야기를 꺼냈다. 주일학교에 늦었던 탓인지 일어날 때부터 조바심 내면서 준비하더니 엄마가 유니폼을 안 빨아놨다는 둥 실랑이를 벌이며 현관을 나갔던 기억이 났다.

주하도 자신이 아침에 별로 기분이 좋지 않았던 상태에서 경비 아저씨를 만났는데 아저씨도 마침 기분이 안 좋으셨는지 어깨가 축 처져 있었고 주하가 인사를 드리자 아저씨가 환한 미소로 얼굴이 밝아졌다는 내용이었다. 그러자 주하의 마음도 밝아졌다고 말했다.

그러자 할머니께서 이야기를 꺼냈다.

"그래, 주하야 사람을 만날 때는 인사하는 것이 매우 중요하단다. 할머니가 일하는 직장에서 6층의 사장님이 얼마나 인사성 있게 반겨주는지 젊은 사장님이 존경스럽단다."

주하가 말했다.

"네. 할머니. 제가 인사하자 그 할아버지의 얼굴이 밝아져서 저도 마음이 밝아졌어요."

할머니께서 말씀하셨다.

"그 사람들의 입장에서 보면 할머니처럼 건물에서 청소일 하는 사람을 하찮게 여길 수도 있을 텐데 고된 일을 하는 사람들을 존중해주고 인사를 건네주니 얼마나 존경스럽겠니? 주하도 나중에 커서 어떤 직장에 있을 때 낮은 자리에서 일하는 사람들에게 따뜻하게 대해주는 사람이 되어라"

　주하가 말했다.

　"네. 할머니."

　아빠가 뒤이어 말했다.

　"주하야, 할머니 말씀 잘 들었지? 사실 오늘 아침에 아빠도 급하게 나가는 너의 모습을 보고 걱정을 많이 했단다. 저렇게 급하게 뛰어 나가다가 혹시라도 주차장에서 나오는 차량에 사고라도 나면 어쩌나. 그리고 횡단보도에서 신호를 어기고 뛰어가면 어쩌나…."

　주하가 말했다.

　"아빠, 제가 설마 그러겠어요?"

　"아빠가 더 일찍 일어나서 너희들을 넉넉하게 깨워서 준비시켰다면 그렇게 조급하게 뛰쳐나가지 않았을 것을. 아빠도 반성했단다."

　할머니께서 이어서 말씀하셨다.

　"그리고 주하야, 또 중요한 것은 정직해야 한다. 거짓말을 하면 안 된단다."

주하가 말했다.

"네. 할머니. 거짓말하면 양치기 소년처럼 사람들이 나중에 저를 믿지를 않게 되잖아요."

할머니께서 말씀하셨다.

"그래, 처음에는 심심해서 한 거짓말이 나중에는 걷잡을 수 없게 되었지. 진실을 말해도 누구 하나 귀를 기울이지 않았지."

주하가 대답했다.

"네."

할머니께서는 곧 방으로 들어가셨다. 할머니께서 식사 시간 외에 식탁에 앉아 이처럼 삶의 교훈을 알려주는 게 아름답고 보기에 좋았다. 준혁이가 밥을 다 먹을 때까지 이야기는 계속 되었다.

아빠가 말했다.

"주하야, 거짓말이 허락되는 경우가 몇 가지 있단다."

주하가 대답했다.

"그래요? 그게 뭔데요? 거짓말은 다 나쁜 것 아니에요?"

아빠가 말했다.

"주하야, 꼭 그렇지만은 않아. 자 우선 생각나는 게 두 가지가 있는데 첫 번째는 친구가 새 옷을 샀는데 예쁘냐고 물어보면 설령 너의 맘에 예쁘지 않게 보이더라도 예쁘다고 해주는 거야. 그런데 왜 그럴까? 왜 그렇게 하는 것이 좋을까?"

주하가 대답했다.

"아빠, 이미 샀으니까 기분 좋게 말해주는 거예요."

아빠가 다시 물었다.

"만약 솔직하게 안 예쁘다고 말하면 어떻게 될까?"

주하가 대답했다.

"좀 기분이 상할 것 같아요."

아빠가 말했다.

"그래 맞아. 이렇게 의식주와 관련된 것에는 상대의 마음이 상하지 않도록 일부러 거짓말을 할 수도 있어. 가령 주하가 다른 집에 초대를 받았는데 음식이 좀 맛이 없다고 해서 솔직하게 표현하면 어떨까?"

주하가 말했다.

"음…. 기분이 안 좋아요."

"그래그래, 설령 음식 맛이 안 좋다하더라도 초대해준 주인을 생각해서 맛있다고 해주는 거야."

"네."

아빠가 말했다.

"그리고 또 있어."

"아빠, 뭐예요?"

"자. 가령 결혼한 신랑에게 신부가 정말 예쁘다고 행복하게 잘 살라고 할 때야. 그 사람이 콩깍지가 씌어서 너무 예쁘다고 생각하는 신부를 맞아들였는데 주하가 솔직하게 신부가 별로 안 예쁘다고 말하면 어떨까?"

주하가 대답했다.

"기분 나쁠 것 같아요. 그리고 그 사람을 안 만날 것 같아요."

아빠가 말했다.

"그래 맞아. 이런 일이 아니더라도 사람의 생명이 달린 일에는 거짓말이 허락된단다."

주하가 말했다.

"아. 아빠, 〈선녀와 나무꾼〉에서 나무꾼은 사슴을 살리기 위해 거짓말을 했어요."

아빠가 맞장구를 쳤다.

"그래 맞아. 사람뿐만 아니라 동물도 살리기 위해서는 거짓말이 필요할 때가 있겠구나."

주하가 재밌다는 듯이 말했다.

"아빠, 또 있어요."

"뭘까? 사람과 동물 그리고 곤충?"

아빠가 물었다.

"사람과 동물과 곤충과 파충류?"

주하가 말했다.

"또 있어요."

아빠가 물었다.

"사람과 동물과 곤충과 파충류와 새?"

주하가 말했다.

"또 있어요."

아빠가 물었다.

"음…. 그 다음엔 뭐지?"

주하가 대답했다.

"아빠, 식물이 있잖아요. 나무요."

아빠가 말했다.

"그래그래, 아빠가 나무나 식물은 미처 생각하지 못했구나. 환경도
보호해줘야겠구나."

주하가 아빠에게 물었다.

"아빠 내가 잘 말했지요?"

아빠가 대답했다.

"그래그래. 잘 말했다."

02

마음

마음 다스리기

● 탈무드 본문

인간의 육체는 마음에 의해 좌우된다. 마음은 보고, 듣고, 굳어지고, 부드러워지고, 기뻐하고, 슬퍼하고, 화내고, 무서워지고, 거만해지고, 설득되고, 증오하고, 사랑하고, 질투하고, 부러워하고, 사색하고, 반성한다.

그렇기 때문에 세상에서 제일 강한 인간은 자신의 마음을 스스로 다스릴 수 있는 인간이다.

● 자녀와의 대화

아이들과 하브루타를 하기에 앞서 '물 수업' 시간을 가졌다. 아빠가

아이들을 탁자 앞에 불러 앉히고 말했다.

"자. 아빠가 물을 가지고 올게."

아빠는 주방으로 가서 물컵과 물병을 가져왔다.

"여기 컵이 있어. 아빠가 너희들 둘에게 모두 따라주기 전에는 마시지 말아야 해. 물 한 잔을 마실 때에도 감사기도를 해야 돼."

아이들이 대답했다.

"네. 아빠."

아빠는 기도를 마치고 아이들에게 말했다.

"자. 이제 아빠가 준 물을 한꺼번에 다 마시지 말고 열 번에 나눠서 마셔보렴."

아이들은 아빠와 함께하는 신기한 수업이 재미있는지 곧잘 따라한다.

"다 마셨니? 오늘은 아빠가 신기한 것을 이야기해 줄게. 잘 들어봐."

아이들이 끄덕였다. 그리고 아빠가 말을 이었다.

"자. 우리에게는 육체와 마음이 있어. 육체는 마음에 따라 좌우되지. 준혁아, 육체란 것이 뭘까?"

준혁이가 서슴없이 대답했다.

"음…. 눈, 코, 귀, 팔, 다리요."

아빠는 아이들이 뭔가를 생각하고 대답할 때가 제일 즐겁고 행복하다.

"맞았어! 그럼 마음이란 것은 뭘까?"

이 질문은 어린 준혁이에게 어려운가 보다.

"잘 모르겠어요. 좋아하는 거예요. 기뻐하는 거예요."

아빠가 칭찬하면서 또 물었다.

"잘했어. 주하는 마음으로 무엇을 할 수 있지?"

주하가 대답했다.

"네. 아빠, 슬퍼하기도 하고 기뻐하기도 해요."

아빠가 말했다.

"맞았어. 우리는 육체가 있기 때문에 길을 걷기도 하고 뛰기도 하고 눈물을 흘리기도 하지. 자, 그런데 이번에는 눈을 감고 마음으로 육체가 하는 것을 해보기로 하자! 주하야, 준혁아, 눈을 감아 봐. 마음으로 걸어 봐. 준혁이는 마음으로 걷고 있니?"

준혁이가 눈을 감고 말했다.

"네. 아빠 저는 뛰고 있어요."

아빠가 계속 말을 붙였다.

"그럼 달려가 봐."

준혁이가 대답했다.

"네. 아빠."

아빠는 또 말했다.

"이제 준혁이 마음으로 멈춰 봐. 이제는 서 있다가 앉아 볼래? 그리고 누워 봐."

준혁이가 대답했다.

"네. 아빠."

그리고 이제 주하에게 말했다.

"주하는 마음으로 슬프다고 생각해 봐."

"네. 아빠."

아빠가 이제는 험상궂은 말투로 말했다.

"이번엔 마음이 화가 났어. 이제는 기쁘다는 생각을 해 봐요. 그리고는 마음이 굳어졌어. 굳어졌니?"

주하가 대답했다.

"아니요. 아빠, 말랑말랑해요."

아빠가 말했다.

"딱딱하게 만들어 봐."

주하가 대답했다.

"잘 안 돼요 아빠."

아빠가 칭찬하며 또 물었다.

"잘했어. 주하의 마음은 아직도 말랑말랑 부드럽니?"

주하가 대답했다.

"네. 아빠."

아빠가 말했다.

"주하야, 준혁아, 우리는 마음으로 육체를 다스릴 수 있단다. 지금 우리는 마음으로 걷기도 하고, 뛰기도 하고, 슬퍼하기도 하고, 기뻐하기도 하고, 분노하기도 하고, 말랑말랑 부드러웠다가 굳어지기도 한단다. 우리 마음은 이렇게 여러 가지 모습으로 바뀔 수 있어. 그래서 진짜로 강한 사람은 마음으로 육체를 다스릴 수 있는 사람이란다."

아빠가 또 말했다.

"주하야, 주하의 마음속에 친구들을 미워하고 시기하고 질투하는 마음이 있을 수 있단다. 자, 친구의 얼굴을 떠올려 보렴."

주하가 대답했다.

"네. 아빠."

아빠가 또 말했다.

"그 친구에게 만약 화가 났다면 마음을 다스려서 그 친구를 이해하고 사랑스런 마음으로 바라볼 수 있겠니?"

주하가 대답했다.

"아니요. 잘 안 돼요. 아빠."

아빠가 말했다.

"바로 그거야. 잘 안되는데 그것을 할 수 있는 사람. 다시 말해 마음을 다스릴 수 있는 사람이 되어야 한단다. 아무리 동생 준혁이한테 화가 나고 짜증이 나더라도 마음을 고쳐먹을 수 있는 능력이 가장 큰 능력이란다."

삶의 열매

● **탈무드 본문**

왕은 '오차'라고 하는 아주 맛있는 열매가 열리는 과일나무를 가지고 있었다. 그래서 두 사람의 경비원을 두어 그 과일나무를 지키게 했다. 한 사람은 장님이었고, 또 한 사람은 절름발이였다.

그런데 이 두 사람이 한 패가 되어 과일을 따 먹자고 흉계를 꾸몄다. 그리하여 장님이 절름발이를 어깨 위에 올려 무등을 태우면 절름발이는 방향을 가리켜서, 두 사람은 맛있는 과일을 실컷 훔쳐 먹었다.

왕은 몹시 노하여 두 사람을 심문했다. 장님은 앞을 볼 수 없기 때문에 자신은 과일을 따 먹을 수 없다고 변명했고, 절름발이는 저렇게 높은 곳에 자신이 어떻게 올라가 과일을 따 먹을 수 있겠느냐고 반문했다. 그도 그렇겠다고 생각하면서도 왕은 두 사람의 말을 믿지 않았다.

이것은 어떤 일을 처리할 때 둘의 힘은 하나의 힘보다 훨씬 위대하다는 것을 보여주는 비유다.

사람은 육체만으로는 아무것도 할 수 없으며, 정신만으로도 아무것도 할 수 없다. 따라서 육체와 정신의 힘이 합쳐져야 비로소 좋은 일이든 나쁜 일이든 해낼 수가 있다.

저녁식사를 마친 후 아이들을 하브루타 탁자에 불러 모았다.

"자. 여기 탁자 앞에 앉으렴. 옛날 어느 왕에게 아주 맛있는 과일이 열리는 나무가 있었어. 그래서 그 왕은 이 나무를 지키는 경비원을 두었지. 한 사람은 장님이었고, 다른 한 사람은 절름발이었어. 왕이 이렇게 한 이유는 경비원이 나무를 지키되 스스로 따먹지 못하도록 하기 위해서였어. 하지만 이 두 사람은 한 패가 되어 과일을 따 먹자고 흉계를 꾸몄지. 절름발이가 장님의 어깨 위에 올라 절름발이는 열매를 따고 장님은 사다리 역할을 해서 맛있는 과일을 실컷 훔쳐 먹었어."

이야기가 흥미진진해진다.

"왕은 몹시 화가 나서 두 사람을 불러 따져 물었어. 그랬더니 장님은 앞을 볼 수 없어서 자신이 과일을 따먹을 수 없다고 변명을 했고, 절름발이는 저렇게 높은 곳에 어떻게 올라갈 수 있겠냐고 도리어 왕께 물었어. 왕은 일리가 있다고 생각하면서도 두 사람을 믿지는 않았어."

아빠의 질문이 시작되었다.

"주하야, 준혁아. 이 이야기 너무 재밌지 않니? 준혁아, 장님은 눈이 안 보이는데 어떻게 과일을 따먹을 수 있을까?"

준혁이가 대답했다.

"아빠, 눈이 안 보여도 아빠처럼 목마를 태워줄 수 있어요."

아빠가 말했다.

"그래 맞아. 우리 준혁이도 아빠 목마를 많이 타지?"

"네."

아빠가 다시 물었다.

"그런데 준혁아 절름발이는 다리를 못 쓰는데 어떻게 높은 곳의 과일을 따먹을 수 있을까?"

준혁이가 대답했다.

"아빠, 다리를 못 써도 목마를 타면 따 먹을 수 있어요."

"그래 맞아. 두 사람이 홀로 있을 때는 과일을 따 먹을 수 없지만 힘을 합치면 따 먹을 수 있지?"

준혁이가 대답했다.

"네. 아빠."

아빠가 또 말했다.

"이렇게 연약해 보이는 사람들도 힘을 합치면 원하는 일을 할 수 있단다. 주하야, 어제 우리 육체와 마음 이야기를 했지. 육체와 마음도 마찬가지야. 왜 그럴까?"

주하가 대답했다.

"음···. 아빠 육체 혼자, 마음 혼자는 일을 할 수 없어요. 둘이 힘을 합쳐야 해요."

아빠가 말했다.

"그래 맞다. 주하야, 육체와 마음이 잘 화합해야 일을 잘할 수 있겠구나. 그런데 어떤 사람은 육체가 원하는 데로만 사는 사람이 있고, 또 어떤 사람은 마음이 육체를 잘 다스려 착한 일을 많이 하기도 한다. 지난번에 세상에서 가장 강한 사람은 마음으로 육체를 잘 다스리는 사람이라고 했지?"

주하가 대답했다.

"네. 아빠."

아빠가 물었다.

"그럼 주하야, 마음이 육체를 잘못 다스리면 어떤 일이 생길까?"

주하가 대답했다.

"아빠, 나쁜 일이 생길 것 같아요. 악한 일, 나쁜 일, 도둑질, 흠잡는 일, 화내는 일 같은 거요."

아빠가 말했다.

"주하야, 주하의 마음속에 친구를 시기하고 질투하는 마음이 생길 때 이것을 마음으로 잘 다스려서 사이좋게 잘 지낼 수 있어?"

주하가 난처한 듯 대답했다.

"근데 아빠, 잘 안 돼요."

아빠가 말했다.

"그래. 그런 일은 누구에게나 어려운 일이란다. 하지만 부족한 두 사람이 서로 화합할 때 과일을 따 먹을 수 있는 것처럼 육체와 마음이 잘 화합해야 사람과 더불어 살 수 있을 것 같구나."

아빠가 계속 말을 이었다.

"그런 과일들은 사랑과 기쁨, 평화, 인내, 자비, 배려, 충성, 온유, 절제와 같은 열매란다. 이런 일을 할 수 있겠니?"

주하가 대답했다.

"네. 아빠."

오늘은 삶의 아홉 가지 열매를 하브루타를 통해 아이들에게 자연스럽게 이야기해 주었다.

희망

● 탈무드 본문

랍비 아키바가 여행을 하고 있었다. 그는 작은 등을 하나 가지고 있었으며, 나귀와 개가 그의 길동무가 되었다.

날이 저물어 어둠이 깔리자, 아키바는 헛간 한 채를 얻어 그곳에서 잠을 자기로 했다. 그러나 아직 잠을 자기에는 이른 시각이었다. 그는 등불을 붙여 놓고 책을 읽기 시작했는데 바람이 불어 등불이 그만 꺼져 버렸다. 그래서 랍비는 하는 수 없이 잠을 청했다. 그가 잠든 사이 여우가 그의 개를 물어가 버렸고, 사자가 그의 나귀마저 죽여 버렸다.

아침이 되자, 그는 할 수 없이 등만 가지고 홀로 길을 떠났다. 어느 마을엔가 도착했을 때, 그 마을에는 사람이라고는 그림자도 찾아볼 수가 없었다. 그는 전날 밤 도둑들이 이 마을에 들이닥쳐 집을 파괴하고 마을 사람들을 몰살시켰다는 사실을 알게 되었다.

만일 등불이 바람에 꺼지지 않았다면, 그도 도둑들의 눈에 띄었을 것이다. 그리고 만일 개가 살아 있었다면, 개가 짖어대어 도둑들이 몰려왔을 것이고, 또 나귀도 역시 소란을 피웠을 것이다. 결국 그는 그가 가지고 있던 모든 것을 잃어버린 덕분에 살아남을 수 있었다.

오늘은 인생에서 고난과 어려움을 당했을 때 희망을 가져야하는 이유에 대해 이야기하고 싶었다.

"자, 이제 아빠의 이야기를 시작해 볼까? 어느 날 한 랍비가 여행을 떠나게 되었어. 그 랍비는 등불을 챙기고 개와 당나귀를 몰고 여행하게 되었지. 그러던 어느 날 저녁이 되어 산에 머무르게 되었는데 아글쎄 바람이 불어 등불이 꺼져버렸어. 너무 실망했지만 하는 수 없이 잠을 청하게 되었지. 그런데 얼마 안 되어 여우가 와서는 개를 물어가 버렸어. 등불이 없었던 랍비는 어찌할 도리가 없었지. 그런데 설상가상으로 곁에 있던 당나귀를 사자가 와서 물어 가 버렸어."

아빠가 물었다.

"랍비는 어떤 기분이 들었을까?"

준혁이가 대답했다.

"아빠, 슬픈 마음이 들었을 것 같아요."

"그래 맞아. 그런데 재미난 것은 그 다음 날 랍비가 인근의 이웃 마을에 도착했을 때 간밤에 도적떼가 마을을 노략하여 사람들을 모두 죽여 버리고 물건을 모두 훔쳐가 버린 사실을 알게 된 거야. 랍비는 어떤 생각을 하게 되었을까? 주하야, 만약에 등불이 바람에 안 꺼졌으면 어떻게 되었을까?"

이번에는 주하가 대답했다.

"아빠, 그 도적떼가 등불을 보고 와서 랍비도 죽였을 수 있었을 것
같아요."

아빠가 다시 물었다.

"그래, 그럼 여우가 와서 개를 물어 가 버리지 않았다면 또 어떻게
되었을까?"

주하가 대답했다.

"그거야. 개가 왈왈 짖어대는 바람에 들키게 되어 또 랍비도 죽을
수 있었을 것 같아요."

아빠가 말했다.

"정말 재밌구나. 그럼 당나귀를 사자가 물어 가 버리지 않았다면 어
떻게 되었을까?"

주하가 대답했다.

"음…. 개가 짖는 소리에 놀라서 당나귀도 '히이잉~!' 소리를 내어
모두 위험에 빠졌을 것 같아요."

아빠가 말했다.

"그럼 랍비가 등불이 꺼지고, 개가 여우에게 물리고, 당나귀가 사자
에게 물려간 것이 결코 나쁜 일이 아니구나. 그치?"

"네. 맞아요. 그 일 때문에 랍비가 살아남을 수 있었어요."

"그래 주하야, 이렇게 세상을 살다보면 우리 눈에 불행한 일처럼 보이고 나쁜 일처럼 보이는 일도 좋은 일이 될 수 있겠구나. '불행 중 다행'이란 말이 이래서 나오지 않았겠니? 이 이야기와 비슷한 이야기가 중국에도 있단다."

"아빠, 이야기해 주세요."

아빠가 이야기를 이어갔다.

"'새옹지마' 이야기인데, 중국 변방 오랑캐 나라 가까운 곳에 한 마리의 예쁜 말을 키우셨던 할머니가 사셨단다. 사람들이 찾아와서 말이 너무 예쁘다고 칭찬하자, 할머니는 '이 말이 어떻게 될지 어떻게 압니까?'라고 답했어. 그런데 어느 날 말이 오랑캐 나라로 도망쳐 버렸어. 이번에는 사람들이 찾아와서 말이 도망쳐서 얼마나 마음이 아프냐고 위로하자, 할머니는 '그 말이 어떤 복을 가져다 줄지 어떻게 압니까?'라고 답했지."

"신기한 대답이네요."

아이들은 할머니의 언변이 특이하다고 느껴졌나보다.

"그렇지. 그런데 오랑캐 나라로 도망쳤던 말이 글쎄 다른 한 마리의 짝과 함께 돌아왔지 뭐니. 사람들이 찾아와서 이제 말이 두 마리가 되었으니 얼마나 좋으냐고 기뻐하자, 할머니는 '이 말들이 어떤 불행을 가져올지 어떻게 압니까?'라고 말했어. 그런데 어느 날 그 말들과 함께 놀던 손자가 말에서 떨어져 다리를 다치게 되었지. 이윽고 사람들이 찾아와 손자가 말에서 떨어져 다리를 다치게 되었으니 큰일이라고 하자, 할머니는 '이 일이 어떤 복을 가져다줄지 어떻게 압니까?'하고 대꾸했어."

아이들은 할머니의 대꾸가 재밌다는 듯 소리 내어 웃었다.

"그런데 어느 날 오랑캐 나라와 전쟁이 나자 나라에서는 젊은 남자들을 모두 전쟁터에 보내게 되었어. 당연히 다리를 다친 손자는 전쟁터에 나갈 수 없게 되었지."

아빠가 물었다.

"만약에 전쟁터에 나갔다면 죽을 수 있으니 죽는 것보다 다리가 다치는 게 낫겠지?"

주하가 대답했다.

"네. 아빠."

아빠가 다시 물었다.

"이 이야기는 어떤 것 같아? 아까 랍비의 이야기처럼 슬픈 일이 닥쳐도 희망을 잃지 않는 할머니에게 오히려 기쁜 일이 생겼지?"

"네."

"그리고 또 좋은 일과 행복한 일이 생겨도 자만하거나 뽐내지도

말아야 할 것 같아. 그 일로 무슨 나쁜 일이 일어날지 모르니까. 알
겠지?"

"네."

아빠는 하브루타를 통해 어려운 상황 속에도 절망하지 않고 희망적
이고 긍정적으로 세상을 바라보는 눈을 아이들의 마음속에 심어주고
싶었다.

사랑

가버린 이유

● **탈무드 본문**

어떤 랍비가 말했다.

"내일 아침에 여섯 사람이 모여 이 문제를 해결하기로 했다."

그런데, 이튿날 아침이 되자 일곱 사람이 모였다. 초청하지 않은 사람이 한 명 더 있는 것이었다. 랍비는 그 불청객을 가려내기 위하여 "여기에 있을 필요가 없는 사람이 있으니 그분은 당장 돌아가시오"라고 말했다.

그러자 그들 중 누가 생각해보아도 그 자리에 꼭 있어야 할 유능한 사람이 벌떡 일어나서 나가버렸다. 그 사람은 왜 그렇게 했을까? 그는 초청을 받지 않았는데도 잘못 알고 있던 사람이 굴욕감을 느끼지 않게 하기 위해 자신도 자리에서 일어났던 것이다.

• 자녀와의 대화

오늘도 정말 좋은 질문을 하나 얻었다. 아이들에게 질문을 던지고 그 아이들이 대답하는 모습에서 정말로 행복감이 느껴진다. 아빠가 먼저 말을 꺼냈다.

"주하야, 준혁아. 아빠에게 오렴. 아빠 앞에 앉아봐."

준혁이는 아빠 무릎에 벌써 앉았다.

"자. '오늘은 무슨 이야기를 할까? 그리고 아빠가 어떤 질문을 할까?' 너무 궁금하지?"

아이들이 대답했다.

"네. 아빠."

아빠가 이야기를 시작했다.

"어느 날 랍비가 마을의 중요한 일을 의논하기 위해 현명하고 지혜로운 여섯 사람을 다음날 회관으로 나오도록 전했습니다. 그런데 그 다음날 깜짝이야. 여섯 사람이 나오도록 했는데 일곱 사람이 나온 거예요. 난처해진 랍비는 이 중에 한 사람은 초대받지도 못했는데 나왔으니 미안하지만 다시 되돌아 가야한다고 말했어요. 그러자 또 놀라운 일이 일어났지 않겠어요?"

아이들의 눈망울이 빛났다.

"그 모임에 꼭 필요하고 반드시 있어야 할 사람이 벌떡 일어나더니 회의장을 나가버린 거예요. 자. 오늘의 질문은 '왜 이렇게 중요한 사람이 되돌아갔을까?'예요. 준혁이부터 말해 보세요."

준혁이가 말했다.

"네. 아빠, 문 옆에서 가장 가까운 곳에 있는 사람이 나갔어요."

아빠가 말했다.

"음…. 그래 준혁이는 그렇게 생각했구나. 잘했다. 문에서 가장 가까운 곳에 있는 사람이 먼저 일어난 거구나. 자. 아빠가 또 물어 볼게. 여기 초대 받지 못한 사람이 그 자리에 앉아 있는 기분은 어떤 기분이었을까? 좀 창피하고 부끄러웠겠지? 자. 이번에는 주하가 말해봐. 왜 그 사람이 나가버렸을까?"

주하가 대답했다.

"아빠, 그 사람은 양보를 했어요. 초대받지 못한 사람이 창피해서 어쩔 줄을 몰라할까봐 배려한 거예요."

"그래, 잘 대답했다. 자. 그럼 그 다음은 어떤 기분일까? 나가버린 사람은 손해를 봤을까?"

주하가 다시 대답했다.

"아니요. 초대받지 못한 사람은 나가버린 사람에게 고마운 마음이 들었을 것 같아요."

아빠가 말했다.

"그래. 맞아. 그 자리를 양보하고 잠깐의 손해를 보았다 할지라도 그 현명한 사람은 다른 사람들의 존경을 받았겠지. 그래서 큰일을 할 때 양보와 배려의 마음이 있는 사람이 결국 공동체의 존경을 받고, 리더가 될 수 있는 거예요. 너희들도 공동체를 잘 돌아보고 양보하고 배려하는 마음을 가져야겠지?"

아이들이 대답했다.

"네. 아빠."

장님의 등불

• 탈무드 본문

어떤 사람이 캄캄한 밤에 거리를 걷고 있었다. 그때 맞은편에서 장님이 등불을 들고 걸어왔다.

그 사람이 장님에게 물었다.

"당신은 장님인데 왜 등불을 들고 다니지요?"

그러자 장님은 이렇게 말했다.

"내가 이 등불을 들고 걸어가야 눈 뜬 사람들이 장님이 걸어가고 있다는 것을 알 수 있을 테니까요."

• 자녀와의 대화

"주하야, 준혁아, 오늘은 아빠에게 무슨 재미난 이야기가 있을까. 그리고 오늘의 질문은 무엇일까?"

아이들이 이내 진지하게 바라본다. 아빠가 이야기를 시작했다.

"어떤 사람이 깜깜한 밤에 거리를 걷고 있었어요. 그때 맞은편에서 장님이 등불을 들고 걸어왔어요. 그 사람이 장님에게 물었습니다."

"당신은 장님인데 왜 등불을 들고 다니세요?"

"그때 장님은 어떤 대답을 했을까? 자, 준혁이가 먼저 말해봐."

준혁이가 대답했다.

"네. 길을 밝게 비추려고요."

아빠가 말했다.

"그래. 잘 말했다. 당연히 등불을 들고 다니는 이유는 주변을 밝게 비추려는 이유 때문이지. 근데 장님이 눈이 안 보이는데 길을 밝게 비출 필요가 있을까."

준혁이가 대답했다.

"아빠, 잘 모르겠어요."

"잘 모르겠지? 그럼 아빠가 다른 질문 한번 해볼게. 시각장애인이 길을 다닐 때 무엇을 들고 다니지?"

준혁이가 대답했다.

"지팡이나 막대기요."

아빠가 질문했다.

"왜 들고 다닐까? 준혁이가 한번 말해봐."

준혁이가 대답했다.

"앞에 뭐가 있나 없나 살피려고요."

"만약 장애물이 사람이라면 어떤 의미가 될까?"

준혁이가 대답했다.

"앞에 지나가는 사람이 장님을 보고 피할 수 있어요."

아빠가 또 물었다.

"시각장애인이 밤에 다니는 것은 흔한 일일까?"

준혁이가 말했다.

"아니요. 위험해요. 다쳐요. 멀쩡한 사람도 가다가 다칠 수 있어요."

아빠가 또 물었다.

"그럼 부득이하게 밤길을 다니려면 어떻게 해야 할까?

준혁이가 말했다.

"뭔가로 자기가 장님이라는 걸 알려줘야 해요."

주하가 말했다.

"아빠, 알겠어요. 장님이 밤에 등불을 들고 다니는 이유는 상대방에게 자기가 장님인 것을 알려주기 위해서예요."

아빠가 말했다.

"그래 잘 대답했다. 여기에서도 상대방을 배려하는 마음이 등장했네. 이렇게 아무리 장애를 가진 사람이라 하더라도 길을 밝혀줄 수 있고 상대를 배려하는 마음을 갖고 사는 거란다. 시각장애인이라 하더라도 멀쩡한 사람을 도와줄 수 있어."

아빠가 또 물었다.

"만약 등불을 깜박 잊고 외출한다면 어떤 일이 벌어질까?"

준혁이가 말했다.

"아빠, 소리를 지르면서 가면 돼요. 그런데 소리를 계속 지르면 목이 아플 것 같아요."

"만약 부딪히는 사고가 나면 누구 쪽에 책임이 더 클까?"

주하가 말했다.

"아빠, 장님에게도 책임이 있어요."

아빠가 말했다.

"그럼 시각장애인이 등불을 들고 다니는 이유를 모두 알겠지? 준혁이도 알겠지?"

준혁이가 대답했다.

"네. 자기가 있다는 것을 알려주기 위해서예요."

아빠가 또 물었다.

"그럼 자전거를 타거나 위험한 곳을 다닐 때는 어떻게 해야 할까?"

주하가 대답했다.

"아빠, 보호장구를 꼭 착용해야 돼요."

"그래 맞아. 보호 장구가 답답하긴 하지만 내가 착용하는 이유는 꼭 나만을 위해서가 아니라 상대방을 위해서이기도 하구나."

구멍 난 배

• 탈무드 본문

많은 사람들이 한 배에 탔다. 그중 한 사람이 자신이 서 있는 자리에 구멍을 뚫기 시작했다. 다른 사람들이 깜짝 놀라 소리쳤다.

"당신, 지금 뭐하는 거요?"

그는 아무렇지도 않은 듯 말했다.

"당신과 무슨 상관이요? 내 자리 밑을 내가 구멍 뚫겠다는데 웬 참견입니까."

그 사람은 다른 사람들의 말에 아랑곳하지 않고 배에 구멍을 뚫었다. 얼마 후 그 사람을 포함해 배에 탔던 모든 사람들이 바다에 수장되고 말았다.

• 자녀와의 대화

준혁이는 아빠 품에 안기고 주하는 아빠랑 책상을 두고 마주 앉았다. 주하는 준혁이가 항상 아빠 품에 안기어 이야기 듣는 것이 자못 부러운 표정이다. 뾰로통해진 주하와 그것을 지켜보는 준혁이 사이에 서로 신경전이 오가는 것을 느낄 수 있었다.

주하는 옆에 있는 작은 우산을 만지작거리기 시작했다. 준혁이는

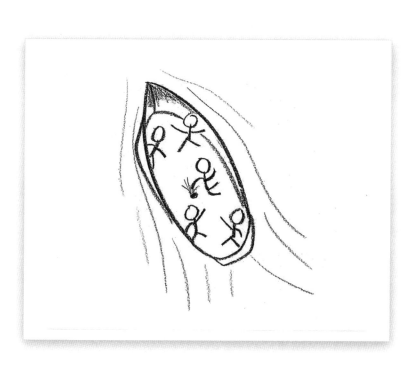

어느새 로봇 카드 한 장을 가지고 와서 아빠의 이야기를 듣는다.

준혁이가 덥고 답답하다고 해서 웃옷을 벗겨 주었다. 뭔가 하브루타 수업이 시작하기 어려운 분위기가 계속 연출되었다. 아이들과 하는 아빠의 하브루타 수업에서 집중력이 떨어질 때는 어떻게 해야 할까? 그냥 자유분방하게 놀며, 들으며 해야 할까. 아니면 집중력을 높일 수 있는 아이디어를 찾아야 할까.

"여러 사람이 배를 타고 바다를 여행하고 있었어. 그러던 중 한 사람이 끌을 가지고 배 바닥을 파 배에 구멍을 내고 있는 것 아니겠니? 그것을 지켜본 다른 사람들이 배에 구멍을 낸다고 나무랐어."

"그랬더니 그 사람이 이렇게 말하는 거야."

"내가 앉은 자리 내 마음대로 하는데 왜 참견입니까?"

"얼마 후 이 배는 물이 가득 차 가라앉았고 배에 있는 모든 사람들은 죽게 되었지."

아빠가 주하에게 물었다.

"주하야, 이 사람의 행동이 옳았을까?"

주하가 대답했다.

"아니요."

아빠가 다시 물었다.

"그럼 왜 옳지 않다고 생각하니?"

주하가 대답했다.

"배에 구멍이 나면 배에 물이 차잖아요."

아빠가 이번에는 준혁이에게 물었다.

"그래 그럼 준혁이는 이 사람이 행동이 옳다고 생각해?"

준혁이가 대답했다.

"아니요."

아빠가 물었다.

"그럼 왜 옳지 않다고 생각하니?"

준혁이가 대답했다.

"물이 차면 배가 가라앉잖아요."

주하가 갑자기 토라졌다.

"아빠, 나랑 똑같잖아요?"

아빠가 말했다.

"주하야, 똑같은데 다르잖니? 주하는 물이 찬다고 대답했고 준혁이
는 물이 차서 배가 가라앉는다고 했잖아."

주하가 말했다.

"그래도 제가 그 대답을 하려고 했단 말이에요."

준혁이의 눈과 입이 비뚤어졌다.

"누나. 싫어."

아빠가 심각해졌다.

"너희들 아빠랑 하브루타 수업하는데 왜 그렇게 심술을 부리니? 동생이 더 좋은 대답을 할 수 있고 누나가 더 좋은 대답을 할 수도 있지. 서로 누가 더 좋은 대답을 하는지 경청할 줄도 알아야지."

아빠가 계속 말했다.

"그리고 아빠랑 함께 하는 시간에 우산을 만지작거린다거나 드러눕는다거나 로봇 카드나 만지작거리면서 집중을 안 하면 어떡해?"

아내가 심각한 분위기를 알아챘는지 식탁에서 이쪽으로 다가와 앉았다. 아빠가 말했다.

"이 이야기를 들어봐. 바다에서 항해를 하는 배가 어떤 한 사람이 구멍을 파서 모두 죽게 된 이야기야. 너희들이 아빠랑 공부하는 것은 바다를 항해하는 배와 같아. 내 자유라며 배에 구멍을 파는 사람은 마치 아빠와 수업 중에 훼방을 놓는 사람과 똑같지 않겠니? 그렇다면 배가 어떻게 될까? 가라앉겠지? 아빠와의 수업은 어떻게 될까? 엉망이 되겠지?"

"네…."

자못 심각해진 두 아이들이 시무룩하게 대답했다. 아빠가 물었다.

"왜 이런 일이 일어났을까? 정말 내 자리니까 내 맘대로 구멍을 파든, 흠집을 내든 아무 상관이 없는 것일까? 주변에서 이와 비슷한 예로 모든 사람들이 피해를 입는 경우는 무엇이 있을까?"

주하가 대답했다.

"아빠, 학교수업 중 한 친구가 떠들어서 수업을 망치는 거요."

"그래 그 말도 맞구나. 또?"

"버스를 타고 가는데 노약자석을 양보하지도 않고 그냥 앉는
거요."

아빠가 또 물었다.

"그러면 어떤 일이 생길까? 아빠도 궁금하네."

주하가 말했다.

"그러면 할아버지, 할머니가 못 앉으셔서 버스가 흔들리면서 넘어
지실 수 있잖아요."

아빠가 다시 물었다.

"또 다른 의견 있는 사람?"

이번에는 준혁이가 말했다.

"아빠, 한 친구가 우당탕탕 박살내는 거예요."

"그래그래, 준혁이도 잘 이야기했다."

이번에는 주하가 말했다.

"아빠, 겨울에 베란다에서 물을 틀어서 아파트 일층이 얼어 물이 들
어오는 거예요."

아빠가 말했다.

"그러면 내 자유대로 했지만 다른 사람이 피해를 입었네. 여보, 당신은 어때요?"

아내가 대답했다.

"요즘은 아파트 층간소음도 그런 것 같아요. 내 자유라고 너무 소음을 내면 아래층 사람들이 시끄러운 소리 때문에 잠을 못 자겠지요."

아빠가 말했다.

"그래요. 이처럼 우리는 자유롭게 행동할 권리도 있지만 그것이 혹시 다른 사람이나 공동체에 피해를 입히는 것인지 잘 생각해봐야 해요. 자, 그럼 이 사람이 배에 구멍을 파고 있을 때 어떻게 하는 것이 좋을까?"

"아빠, 하지 말라고 해야 돼요."

"그래도 말을 안 들으면?"

준혁이가 말했다.

"그럴 때는 바다에 빠뜨려야 해요."

아빠가 크게 웃으며 말했다.

"하하하! 그런데 그럼 사람을 죽이는 꼴이 되잖아. 다른 방법 없을까?"

준혁이가 말했다.

"아빠, 경찰에 신고해요."

아빠가 말했다.

"그래, 준혁아 그 말도 맞네. 하지만 바다 한가운데서 경찰에 신고한다면 경찰이 올 수 있을까?"

준혁이가 말했다.

"아빠, 그 사람을 잘 타일러서 못하게 하고 그래도 말을 안 듣는다면 꽁꽁 묶어놓는 것은 어떨까요?"

아빠가 웃으며 말했다.

"하하하. 그래 뭔가 다른 사람들이 모두 무사히 여행을 하려면 어떤 대책을 세워야겠지."

효도

효도의 의미

• **탈무드 본문**

어떤 사람이 아버지에게 닭을 잡아 극진히 대접했다. 아버지가 물었다.

"이 닭을 어디서 구했느냐?"

아들은 퉁명스럽게 대답했다.

"아버지, 그런 걱정은 하지 마시고, 어서 많이 잡수시기나 하세요."

아버지는 더 이상 묻지 않았다.

또 한 사람은 밀을 빻아 밀가루를 만드는 방아꾼이었는데, 왕이 나라 안에 방아꾼을 소집한다는 포고령을 내리자 아버지에게 대신 방앗간을 돌보게 하고 자신은 왕이 있는 궁성으로 갔다.

아이들과의 대화는 생각만 해도 즐겁다. 오늘도 일찍 귀가한 아빠가 저녁식사를 하고 나서 아이들을 불렀다.

"우리 주하, 준혁이 이쪽으로 오렴. 아빠 앞에 앉으세요. 오늘도 아빠가 재미난 이야기해 줄게. 잘 들어봐."

아이들이 금세 앞에 와서는 주하는 마주 앉고 준혁이는 아빠의 무르팍에 앉았다. 아빠가 이야기를 시작했다.

"어떤 사람이 아버지에게 닭을 잡아 극진히 대접했어. 그런데 아버지가 물어봤어. '이 닭을 어디서 구했느냐?'. 그랬더니 아들이 아주 퉁명스럽게 말했어. '아버지, 그런 걱정은 하지 마시고, 어서 많이 잡수시기나 하세요'. 그래서 아버지는 아들에게 더 이상 물어보지 않았어."

두 아이들이 약간은 어리둥절한 표정을 지었다.

"또 한 사람은 밀을 빻아 밀가루를 만드는 방앗간을 하고 있었는데, 왕이 나라 안에 있는 모든 방아꾼을 소집한다는 명령을 내렸어. 전쟁이 일어난 거야. 그러자 그 사람은 아버지에게 방앗간을 맡기고 왕이 있는 궁성으로 갔어."

"이 두 아들 중 누가 더 효도를 잘한 걸까?"

주하가 대답했다.

"네. 아빠, 방아꾼 아들이요."

아빠가 말했다.

"자자. 여기에 두 아들이 등장하지? 하나는 닭고기를 대접한 아들 하고 다른 하나는 아버지 대신 궁성으로 간 방아꾼 아들이야."

아빠가 준혁이에게 물었다.

"준혁아, 닭고기를 대접한 아들이 왜 퉁명스럽게 '그런 것은 걱정 말고 드시기나 하세요'라고 했을까?"

준혁이가 대뜸 말했다.

"아빠 닭고기를 훔친 것 같아요."

아빠가 말했다.

"그래 준혁아, 그랬을 수도 있겠구나. 그런데 아버지가 물어봤을 때 아들이 이렇게 퉁명스럽게 대답하면 아버지는 어떤 기분일까?"

준혁이가 말했다.

"네. 기분이 안 좋을 것 같아요."

아빠가 말했다.

"그렇겠지. 그런데 아버지를 봉양하기 위해서 어쨌든 닭고기를 구해 와서 아버지에게 드리는 것은 어때?"

준혁이가 대답했다.

"네. 기분 좋을 것 같아요."

아빠가 또 말을 받았다.

"그런데 말을 퉁명스럽게 하고 어디서 났는지 감추었기 때문에 아버지는 닭고기를 드시면서도 좀 마음이 안 좋으셨을 것 같아."

준혁이가 말했다.

"네. 그래요."

아빠가 이번에는 주하에게 물었다.

"주하야, 두 번째 아들이 아버지 대신 궁성으로 갔는데 왜 그랬을까?"

주하가 대답했다.

"아빠, 전쟁에서 아버지가 죽을 수 있으니까 아버지 대신 간 것 같아요."

아빠가 물었다.

"그럼, 방앗간 일도 힘든 일인데 자기 대신 아버지에게 방앗간 일을 맡기는 것은 어때? 잘못되지 않았을까?"

주하가 대답했다.

"아빠, 방앗간 일이 힘들어도 전쟁에서 죽는 것보다 낫잖아요."

아빠가 말했다.

"음…. 그렇구나. 근데 아들도 전쟁에 나가면 죽을 수 있잖아? 왜 아버지 대신 자기가 갔을까?"

주하가 대답했다.

"그러니까 아버지를 위하는 마음이죠."

아빠가 말했다.

"그래, 아빠 생각도 마찬가지야. 나이 많으신 아버지보다 아들이 전쟁에 나가면 힘도 세고 날렵해서 살아남을 확률도 많겠지만 나이 드신 아버지가 전쟁터에 나가면 쉽게 죽을 수도 있겠구나. 근데 아들을 보내는 아버지의 마음은 어땠을까?"

주하가 말했다.

"네. 아빠 슬펐을 것 같아요. 아들이 아버지를 안심시켜 드리면 돼요."

아빠가 말했다.

"좋은 생각이구나. 그런데 주하야 아까 위에서는 아버지에게 닭고기를 극진히 대접한 아들이 있는데 그 아들보다 아버지 대신 궁성으로 간 아들이 더 잘한 이유는 뭘까?"

주하가 말했다.

"아빠 마음을 편하게 해드린 거예요. 닭고기를 먹는 아버지는 마음이 불편했고요. 방아꾼 아버지는 슬펐지만 아들에게 감동했을 것 같아요."

아빠가 말했다.

"그래 이처럼 부모에게 몸보신 닭고기보다 더 중요한 것은 부모를 생각하는 마음씨란다."

주하가 대답했다.

"네. 아빠."

다이아몬드와 효도

• 탈무드 본문

옛날 이스라엘의 '디마'라는 곳에 유대인이 아닌 사람이 살고 있었다. 그는 금화 3,000닢의 값이 나가는 다이아몬드 한 개를 가지고 있었다.

어느 날 한 랍비가 사원을 꾸미는 데 다이아몬드를 사용하겠다며 금화 3,000닢을 가지고 그의 집을 방문했다.

그때 그 사람의 부친이 다이아몬드를 넣어 둔 금고의 열쇠를 베개 밑에 넣고 낮잠을 자고 있었다. 난처해진 아들은 "낮잠을 주무시는 아버지를 깨울 수 없으니 다이아몬드를 팔지 못하겠다"고 대답했다.

랍비는 그만큼 큰 돈벌이가 되는데도 낮잠을 주무시는 아버지를 깨우지 않으려는 아들을 보고 대단한 효자라며 감탄하여, 사람들에게 이 이야기를 널리 전했다.

• 자녀와의 대화

오늘은 아이들과 함께 '효도 이야기'를 하브루타로 나누어 보았다.

"애들아. 아빠 이야기를 잘 들어봐. 옛날 이스라엘의 '디마'라는 마을에 유대인이 아닌 사람이 살고 있었단다. 그런데 그 사람은 금화 3,000개의 값이 나가는 아름다운 다이아몬드를 가지고 있었지. 어느

날 랍비가 사원을 꾸미려고 금화 3,000개를 가지고 그 다이아몬드를 사러 갔지 뭐냐. 그때 그 사람의 아버지가 다이아몬드를 넣어 둔 금고의 열쇠를 베개 밑에 넣고 낮잠을 자고 있었단다. 난처해진 아들은 이렇게 말했어. '낮잠을 주무시는 아버지를 깨울 수 없으니 다이아몬드를 팔지 못하겠습니다' 하고 말야."

아이들의 눈이 휘둥그레졌다.

"와! 그렇게 큰돈을 가지고 갔는데 팔지 않은 거야. 그래서 그 랍비는 큰 돈벌이가 되는데도 낮잠을 주무시는 아버지를 깨우지 않으려는 것을 대단한 효도라며 감탄하면서 온 세상에 이 이야기를 알렸지 않겠니."

아빠가 주하에게 물었다.

"주하야, 여기서 다이아몬드를 팔지 않은 게 왜 효도일까?"

주하가 대답했다.

"글쎄요. 진짜 어떻게 된 거 아니에요?"

아빠가 물었다.

"여기서 일단 이 사람이 유대인이 아니었다는 게 중요해."

주하가 대답했다.

"네, 맞아요. 그래서 더 유명한 이야기가 된 것 같아요."

주하가 물었다.

"그런데 아빠 궁금한 게 있어요."

아빠가 대답했다.

"그래 뭐가 궁금한데?"

주하가 대답했다.

"왜 그 아버지가 낮잠을 자고 있었을까요? 하필이면 그때?"

안방에서 이야기를 듣고 있던 아내가 대답했다.

"주하야, 피곤하면 낮잠도 잘 수 있지. 할머니께서도 일찍 퇴근하시고 피곤하시니까 가끔 낮잠도 주무시지 않니."

주하가 말했다.

"네."

아빠가 말을 계속 이었다.

"그런데 여기서 중요한 것은 그렇게 큰돈을 벌 수 있는 기회가 왔는데 왜 아버지를 깨우지 않았냐는 거지. 그리고 이게 왜 효도일까? 왜 이렇게 작은 일 하나가 오늘까지 전해져 내려왔을까?"

주하가 대답했다.

"글쎄요. 저도 그게 궁금하네요."

아빠가 말했다.

"자. 이런 '효도 이야기'는 유대인이 아닌 우리나라에도 있단다."

주하가 물었다.

"우리나라에도요?"

아빠가 대답했다.

"그렇지. 우리나라도 효도에 대해서는 둘째가라면 서러울 효자·효녀들이 많이 있지. 옛날에 어느 마을에 효도하기로 유명한 아들이 홀로 계신 어머니와 살고 있었대. 얼마나 유명했으면 전국에 소문이 다 났지 뭐냐. 그래서 어느 날 한 마을의 선비가 어떻게 효도를 하는지 배우기 위해서 몰래 그 효자의 집으로 가서 안을 엿보고 있었단다. 그런데 놀라운 일이 벌어지고 있었어. 아니 글쎄 아들이 어머니의 발을 씻겨 드리는 것이 아니라 어머니가 아들의 발을 씻겨 주고 있는 것 아니겠니?"

주하가 말했다.

"우와. 진짜 나쁘네요. 어떻게 엄마에게 발을 씻겨 달라는 게 효도가 되요?"

아빠가 말을 이었다.

"그렇지. 아빠도 그게 너무 궁금하구나. 이 광경을 지켜보던 선비가 그 아들에게 다가가서 '어찌하여 나이 드신 어머님께 발을 씻겨달라고 할 수가 있소! 그러고도 당신이 효자라고 할 수 있소!'라고 꾸짖었어."

주하가 말했다.

"그래서요?"

아빠가 대답했다.

"그 효자 아들은 '어머님이 원하시는 것을 하시도록 하는 게 효도입니다'라고 대답한 거야."

주하가 말했다.

"그래요? 참 이해가 안 가네요."

아빠가 말했다.

"그런데 주하야, 이렇게 이스라엘 디마의 이야기와 우리나라의 이야기가 어떤 눈으로 효도를 말하고 있을까? 정말 이상하지? 아버지의 낮잠을 깨우지 않고 큰돈을 놓쳐버린 것과 엄마에게 발을 씻겨 달라고 한 것이 대체 효도와 무슨 관계가 있지? 오히려 불효가 아닐까?"

주하는 이 두 이야기의 공통점을 발견하기가 어려운가 보다. 아빠가 또 물었다.

"효도란 무엇일까? 어떻게 하는 것이 부모에게 효도하는 것일까?"

주하가 물었다.

"부모를 공경하는 것 아니에요?"

아빠가 물었다.

"그래 좋아. 그럼 부모를 공경한다는 말은 어떤 의미일까?"

"부모에게 순종한다는 말 아닐까요?"

"그래 좋아. 그럼 부모에게 순종한다는 말은 어떤 의미일까?"

"부모의 말에 잘 따르는 거요. 하지만 나쁜짓을 하게 하는 것은 빼고요. 아빠는 뭐라고 생각하세요?"

아빠가 대답했다.

"아빠 생각엔 이 두 가지 이야기가 주는 교훈은 '부모의 마음을 불편하게 하지 않는 것' 같구나. 가령 첫 번째 이스라엘의 디마에 있었던 효자는 아버지의 낮잠을 깨우지 않아 아버지가 불편하게 하지 않았고, 두 번째 우리나라의 효자는 어머니가 원하시는 것을 못하게 하는 것이 오히려 어머니의 마음을 불편하게 만드는 것이라 생각한 것이 아니었을까 하는 생각이 드는구나."

주하가 말했다.

"네. 좋은 생각이네요."

"아빠 생각에는 겉으로 보이는 것보다 진정으로 부모님이 원하시는 것을 헤아리는 것이 중요하다고 느껴지는데?"

식사 시간에 아빠가 오늘 있었던 일 중 재미난 일을 말했다. 아내 또한 직장에서 있었던 재미난 일과 주하가 오늘 학교 알뜰장터에서 겪었던 일에 대해 서로 대화를 나누었다. 준혁이도 한마디 거들었다.

가족끼리 모여 식사를 하면서 그날의 기분 좋았던 일과 기분 나빴던 일, 그리고 그런 일들을 통해서 어떤 배울 점이 있었는지를 허심탄회하게 이야기했다. 기쁘면 기쁜 대로 슬프면 슬픈 대로 속내를 털어놓는다.

아빠가 오늘 읽었던 책의 내용 중에 너무나도 좋았던 것을 이야기했다. 도닌(Donin)의 12가지 성품에 관해 아이들과 그 뜻을 나누었다. 도닌은 예의바름(Courtesy), 성실(Integrity), 진실(Truthfulness), 침착성(Even-temperedness), 깔끔한 언행(Clean speech), 용기(Courage), 친절(Kindness), 인내(Patience), 수양(Self-discipline), 겸손(Modesty), 책임감(a sense of responsibility)라고 말했다(《IQ는 아버지 EQ는 어머니 몫이다》참고).

아빠가 아이들에게 물었다.

"애들아. '예의 바름'이란 무엇일까? 영어로는 '컬터시(Courtesy)'라고 말하네."

준혁이가 말했다.

"아빠, 좋은 것을 말하고 좋게 도와주는 거예요."

아빠가 칭찬했다.

"오우. 우리 준혁이가 멋진 말을 했구나. 주하는?"

이번에는 주하가 대답했다.

"음…. 어른들을 존중하고 인사 잘하고 대들지 않는 거예요."

아빠가 맞장구쳤다.

"와. 너무 좋구나. 여보, 당신은 뭐라고 생각해요?"

아내가 대답했다.

"예의 바름은 웃어른이나 사람에게만 국한된 게 아니라 물건을 사용할 때라든지 식사 시간에 식탁에서 바른 태도를 갖는 거 아닐까요?"

주하가 놓칠세라 얼른 말했다.

"아빠, 저는 어른들이나 사람들을 이야기했는데 엄마는 사물이나 식탁 같이 더 깊이 들어갔어요."

"그래그래, 엄마가 더 깊이 있게 말했구나."

아빠가 다시 물었다.

"자. 그럼 '정직'이란 무엇일까? 준혁아."

준혁이가 말이 없다. 단어 뜻을 잘 모르는 듯했다.

"준혁이는 아직 정직이란 단어를 잘 모르는구나."

주하가 대신 대답했다.

"아빠, 정직은 솔직하게 말하는 것 아닐까요?"

아빠가 맞장구를 치며 다시 물었다.

"그래 주하가 잘 말했구나. 당신은 뭐라고 생각해요?"

아내가 말했다.

"정직은 내가 손해를 보더라도 솔직하게 말하는 것 아닐까요?"

아빠가 대답했다.

"와, 그것도 좋네요. 여기서 바를 정, 곧을 직을 쓰는데 바르고 곧은 것을 말하는 것 같네. 자. 그럼 이번에는 '성실'이란 무엇일까?"

주하가 고개를 갸우뚱하며 대답했다.

"잘 모르겠어요."

"그래, 주하는 성실이란 낱말이 생소한가 보구나. 당신은 뭐라고 생각해요?"

이번에는 아내가 대답했다.

"성실이란 무언가 한 가지 일을 꾸준히 하는 것 아닐까요?"

아빠가 말을 이었다.

"그래요. '성실하다'란 말은 '불성실하다'와 반대말인데 가령 약속을 정해놓고 꾸준히 하는 것을 뜻하는 것 같네. 만일 회사에 다니는 사람이 월급을 받기로 일을 시작했는데 지각을 한다거나 결석을 한다거나 하면 불성실한 거지. 그리고 주하와 같은 경우 학교에 지각하거나 시도 때도 없이 결석을 한다면 그것도 불성실한 거지. 자. 그럼 '침착성'이란 무얼까?"

주하가 이번에는 힘차게 대답했다.

"아빠, 지난번 여름성경학교에서 아이들이 떠들고 그랬을 때 선생님이 '침착해! 침착해!'라고 했어요. 떠들지 않는 거 아니에요?"

아빠가 대답했다.

"그래, 떠들지 않는 것도 침착한 것이 되겠네. 당신은 어때요?"

아내가 말했다.

"침착성이란 뭔가 기분이 흥분되어 있을 때나 분노가 일어났을 때 그것을 바로 표출하는 게 아니라 차분하게 있는 것이에요."

아빠가 너무 흐뭇하게 대답했다.

"그래요. 정말 다들 잘 알고 있네. 자. 그럼 '깔끔한 언행'이란 무엇일까?"

아내가 또 대답했다.

"여보. 말을 군더더기 없이 하는 것 어때요?"

아빠가 말했다.

"그래요. 할 말을 딱 부러지게 하는 것. 그런 면에 있어서는 우리 주하가 장점이 있지. 그렇지 않니? 우리 주하는 어디에 가서라도 용기

있게 발표하고 딱 부러지게 잘 말하잖아."

주하가 이 말을 듣고 웃는다. 아빠가 계속 말을 이었다.

"사람은 부끄러워하지 않아야 해. 수줍어하거나 부끄러워하면 아무 일도 안 돼. 배울 수도 없어. 모르면 모른다고 하고 알면 안다고 하고 그렇게 자신을 표현할 줄 알아야 해. 알겠지?"

"네."

아빠가 다시 물었다.

"자. 그럼 용기는 무엇일까? 준혁이 한번 말해봐."

준혁이가 말했다.

"음…. 용기는 친구들이 싸울 때 싸우지 말라고 말려주는 거예요."

아빠가 대답했다.

"그래그래, 준혁이는 용감하구나. 주하는?"

주하가 대답했다.

"네. 친구들이 어떤 애를 괴롭힐 때 괴롭히지 말라고 이야기하는 거예요."

아빠가 대답했다.

"오우. 주하에게도 그런 용기가 있어? 너무 잘했구나. 용기란 것은 사람에게 언제라도 필요한 것 같아. 어떤 생각을 실천하는 데도 용기가 필요하단다."

주하가 대답했다.

"네."

아빠가 또 물었다.

"'친절'은 무엇을 뜻하지?"

이번에는 준혁이가 말했다.

"아빠, 친절은 좋게 해주고 잘 도와주는 거예요."

아빠가 말했다.

"야. 우리 준혁이가 제법인데. 주하도 말해 볼까?"

"친절은 나이 드신 분들이 무거운 짐을 들고 갈 때 도와드리는 거예요."

아내가 좀 걱정이 됐는지 말했다.

"주하야, 힘들어 보이는 어르신이 계신다고 무조건 가서 도와주면 오히려 잘못될 수도 있단다."

주하가 자신 있게 말했다.

"알아요. 어른들의 입장에서 말한 거예요."

아빠가 말했다.

"그래 주하야, 잘 말했다. 아무리 선의로 친절을 베푸는 것이지만 상황을 잘 봐야 하겠구나."

주하가 또 말했다.

"아. 아빠 자선냄비도 친절이에요."

"그래, 남을 돈으로 도와주는 것도 친절이 되겠네. 자, '인내'는 무엇일까? 말해 볼 사람?"

준혁이가 말했다.

"아빠, 유치원에서 인내를 배웠어요."

아빠가 준혁이를 칭찬했다.

"그래, 준혁아 잘했다."

이번에는 주하가 준혁이에게 질세라 대답했다.

"아빠. 인내는 하고 싶은 것이 있어도 참고 견디는 거예요."

아빠가 재밌다는 듯이 말했다.

"오우, 우리 주하가 뜻을 잘 알고 있구나. 화가 나더라도 참는다거나 좋은 결과를 위해 절제하는 것이 인내가 되겠네. 자, 그럼 '자기 수양'은 어떤 거지?"

주하가 고개를 떨구며 말했다.

"그것은 잘 모르겠어요."

아빠가 설명했다.

"그래 자기 수양은 주하가 잘 모를 수 있겠구나. 자기 수양이란 것은 자기의 몸을 잘 관리한다든지, 좋은 습관을 들인다든지, 또는 독서를 많이 해서 지식을 쌓는다든지, 몸과 마음을 단련하는 것을 뜻하는 것 같구나. 자. 그럼 '겸손'이란 무엇일까?"

주하가 대답했다.

"남들 앞에서 자랑하지 않는 거예요."

아빠가 말했다.

"그래 잘 말했다. 겸손의 반대는 교만이지. 겸손에서 빠지지 말아야 할 것은 나를 낮추는 것이야. 신이나 사람 앞에서 자기를 낮추는 것이 바로 겸손이야. 하지만 재미있게도 자기를 낮추면 사람들이 높여 주고, 자기를 높이면 사람들 앞에서 낮아질 수가 있단다. 너무나 재미있지? 자. 그럼 '책임감'이란 무엇일까?"

주하가 대답했다.

"내가 해야 할 것을 하는 것 아니예요?"

아빠가 말했다.

"그래 맞아. 아빠는 아빠의 할일이 있고 주하는 주하의 할일이 있겠지? 그것을 '책임지고 한다'고 그러지."

그때 아내가 거들어 주었다.

"주하야, 주하가 다음 날 학교 갈 준비를 스스로 하는 것도 책임감을 뜻한단다. 그 사람이 마땅히 해야 할 것을 하는 것이 바로 책임이지."

주하가 말했다.

"네. 엄마."

Part 2

배움을 찾아 떠나다

하브루타의 진행 방법

1. 하브루타는 질문이 핵심이다. 아이에게 지시나 요구, 설명을 하기보다는 질문을 많이 한다.

2. 틀린 답을 말해도 정답을 알려주지 않고 다시 질문으로 답한다.

3. 하브루타를 하기 전에 충분히 내용에 대해 알게 한다.

4. 아이가 생각하고, 판단하고, 결정하고, 행동하게 한다.

5. 하브루타는 사고력 신장이 목적이다. 뭔가를 외우고 알게 하는 것보다 뇌를 자극해 사고력을 높여 안목과 통찰력, 비판적 사고력을 길러주는 것이 목적이다.

6. 질문하고 대화할 때는 집중해서 눈을 보고, 그 어떤 대답도 막지 않고 수용한다.

7. 대답에서 구체적인 근거를 들어 칭찬한다.

8. 남과 다르게 생각하도록 격려한다.

9. 모르는 것은 다시 책을 보거나 인터넷을 검색하는 등 스스로 찾아보게 한다.

10. 많은 내용을 하브루타 하기보다 하나의 내용을 깊이 있고 길게 하브루타 하는 것이 좋다.

11. 다소 어려운 내용도 쉬운 용어로 질문해 생각하게 하는 것이

좋다.

12. 모든 일상 속에서 하브루타를 하되 시간을 정해서 정기적으로 한다.

13. 집에서 하는 경우 잠들기 전이 하브루타를 하기에 가장 좋은 시간이다.

14. 나이가 어리더라도 쟁점을 만들어 토론과 논쟁으로 끌고 가는 것이 뇌를 계발하는 방법이다.

15. 꼭 가르쳐야 하는 원칙이나 가치관은 대화를 통해 분명하게 인지하게 한다.

배움에는 끝이 없다

요즘 우리 아이들은 잠자리를 놓고 신경전을 벌인다. 아빠 옆에서 자고 싶어서다. 한참 자리 쟁탈전을 벌이며 울기고 하고 타협도 하면서 자리를 정한다. 아빠 옆자리를 선호하는 가장 큰 이유는 아빠가 자면서 이야기를 들려주기 때문이다.

가장 자고 싶은 자리는 당연히 엄마와 아빠의 중간이다. 이 자리는 아주 황금 같은 자리다. 왜냐하면 왼쪽으로는 엄마 품에 안길 수 있고 오른쪽으로는 아빠의 이야기를 들을 수 있다.

오늘은 주하가 아빠의 오른쪽을 차지하고 이야기를 해달라고 했다. 하루에도 얼마나 많은 질문을 하는지 잠잘 때는 또 이야기를 듣겠다고 성화다.

아이에게 배움에 대한 열정으로 위대한 랍비가 된 힐렐 이야기를 들려주었다.

"옛날에 '힐렐'이라는 작은 학생이 있었어요. 이 학생은 아버지가 목수여서 가난한 집안 환경에서 자랐어요. 힐렐이 가장 하고 싶었던 것은 다른 학생들과 같이 교실에서 공부하는 것이었어요."

아이들이 잠자코 듣고 있다.

"힐렐은 학교를 지나칠 때마다 따뜻한 교실에서 성경과 탈무드를 배우는 학생들이 그렇게 부러울 수가 없었어요."

아빠는 말을 계속 이었다.

"그래서 힐렐은 공부를 하고자 낮에는 작은 몸으로 체력이 되는 데까지 열심히 일을 했고, 해가 저무는 저녁에는 학교의 수위 아저씨께 부탁해서 창가에 서서 귀동냥으로 공부를 할 수 있는 기회를 허락받았죠."

불을 끄고 눕자. 아이들의 집중도는 더욱 향상되는 듯했다.

"이 부탁을 받은 수위 아저씨는 그렇게 하도록 했어요. 창가에 서서 정말로 재미있게 수업 내용을 듣고 있었는데 그때 하늘에서 하얀 눈이 내려 힐렐의 어깨 위에 앉았어요. 추운 겨울이 찾아온 거예요."

아이들은 이내 말이 없다.

"힐렐은 바깥 창가에 서서 눈을 맞으며 수업 내용을 새겨들었어요. 그리고 눈 내리는 하늘을 올려다보며 고단한 삶을 살고 있는 자신을 생각했어요."

아빠가 계속 말을 이었다.

"그때 이렇게 엿듣고 있는 힐렐을 교장 선생님이 발견하고 이것을 허락해 준 수위 아저씨를 나무랐어요. 이 말을 들은 수위 아저씨는 당장 힐렐을 학교 창가에서 쫓아내게 되었지요."

주하가 채근하며 물었다.

"아빠, 그래서 어떻게 되었어요?"

아빠가 말했다.

"가난해서 공부를 못하는 현실을 알았지만 힐렐은 절망하지 않았어."

아빠가 말을 이었다.

"그 다음날에는 수업 내용이 너무도 궁금해서 학교 지붕 위에 올라갔어. 그리고 지붕에 뚫린 창문으로 교실 안을 들여다보며 수업을 들었지."

준혁이가 말했다.

"대박."

"하늘에서는 다시 눈이 내려 어느 덧 힐렐의 온 몸을 덮었고 힐렐은 그 자리에서 잠이 들고 말았어."

아이들이 숨을 죽였다.

"다음날 아침이 되었는데 교실이 환해지지 않는 것을 이상하게 여긴 선생님과 학생들은 지붕의 창문을 올려다보고 깜짝 놀랐어. 거기엔 힐렐이 아침이 되도록 추운 지붕에서 잠을 자고 있었던 거야. 이 일은 학교에 알려지게 되었고 힐렐을 안타깝게 여긴 교장 선생님은 이 사건을 계기로 가난 때문에 공부를 못하는 학생들에게 무상으로 수업을 받게 해주는 제도를 만들었지."

아이들이 안도하듯 짧은 숨을 내쉬었다.

"배움에 대한 열정으로 가득 찬 힐렐은 정식으로 학교를 다니게 되었고 어른이 되어 유명한 랍비가 되었단다."

아이들이 이상하게도 아무런 반응이 없었다.

"주하야? 주하야!"

아이들은 이미 잠이 들었다.

세상에 쓸모없는 것은 없다

● 탈무드 본문

다윗왕은 평소에 거미란 아무 곳에나 거미줄을 치는 더럽고 아무 쓸모가 없는 벌레라고 생각하고 있었다.

그러던 어느 날 전쟁터에서 그는 적군에게 포위되어 빠져나갈 길을 잃었다. 그는 간신히 동굴 속으로 숨어들게 되었는데, 마침 그 동굴 입구에서 거미 한 마리가 거미줄을 치기 시작했다. 곧이어 그를 추격해 온 적군의 병사들이 동굴 앞까지 왔으나, 동굴 입구에 거미줄이 쳐져 있는 것을 보고 동굴 안에 사람이 있을 리 없다고 생각하여 그냥 돌아가 버렸다.

또 다윗왕은 적장이 잠자고 있는 방에 숨어 들어가 적장의 칼을 훔쳐 낸 다음 이튿날 아침에 "내가 당신이 자고 있을 때 칼을 가져왔을 정도이니 마음만 먹었다면 당신의 목을 가져오는 것쯤은 간단히 해낼 수 있었소."라는 말을 전하여 그의 마음을 변하게 하려고 생각하고 있었다.

그러나 기회는 좀처럼 오지 않았다. 그러던 어느 날 밤 가까스로 적장의 침실에 숨어 들어갔는데, 칼이 적장의 다리 밑에 있어서 꺼낼 수가 없었다. 어쩔 수 없이 다윗왕은 단념하고 돌아가려 했다.

바로 그때 모기 한 마리가 날아와 적장의 다리 위에 앉았다. 적장은 무의식 중에 다리를 움직였다. 다윗왕은 그 틈을 이용하여 재빨리 적장의 칼을 빼낼 수 있었다.

그리고 한 번은 적군에게 포위되어 위기일발의 순간에 처하자 다윗왕은 느닷없이 미치광이 흉내를 내었다. 적의 병사들은 '설마 저 미치광이가 왕은

아니겠지' 생각하고 그냥 지나쳐버렸다.

세상의 어떤 것도 쓸모없는 것은 없다. 그러므로 아무리 보잘 것 없는 것이라도 소홀히 여겨서는 안 되는 것이다.

• 자녀와의 대화

아빠의 현관문 여는 소리를 듣고 퇴근하는 아빠에게 아이들이 달려들었다. 아빠는 아이들을 양팔로 번쩍 안아 올렸다.

준혁이가 말했다.

"아버님, 다녀오셨어요?"

주하도 따라 말했다.

"아빠, 다녀오셨어요?"

작은 준혁이의 입에서 '아버님'이라는 말이 나올 때 정말 귀엽고 사랑스런 마음이 든다. 아빠가 말했다.

"어이구. 내 아들, 내 딸. 아직도 안 자고 있었어?"

준혁이가 말했다.

"아빠, 하브루타."

주하가 말했다.

"아빠, 하브루타 해요."

아빠가 대답했다.

"잠깐만 아빠가 좀 씻고 그 다음에 하자꾸나."

주하가 말했다.

"아빠, 하기 전에 장기 한 판만 두면 안 돼요?"

준혁이도 가세했다.

"아빠, 저도 알까기 한 판만 하면 안 돼요?"

아빠가 너무나 멋지게 장기와 알까기를 져주는 바람에 아이들은 신이 났다. 져주는 것도 기술이 있다. 엄청 고민하고 노력하는 과정 속에서 진심 어리게 져줘야 한다. 대충 설렁설렁 져주다가는 아이들의 눈에 들키기 십상이다.

장기와 알까기 각각 두 판씩 멋지게 져주고 하브루타를 시작했다. 이제 준혁이는 아빠의 무르팍이 완전히 자기 것이 되었다. 아빠가 그렇게 좋은가 보다.

"자. 오늘은 다윗왕 이야기를 들려줄게. 다윗왕의 세 가지 유명한 이야기가 있는데 여기서 공통점이 뭐가 있는지 찾아보는 거야. 다윗왕은 평소에 거미란 놈과 모기란 놈이 이 세상에서 제일 쓸모없다고 생각했어. 그러던 어느 날 적군에게 쫓기어 큰 동굴 속에 숨어 있게 되었지."

아이들이 몰입하는 순간의 눈동자는 정말 맑고 투명하다.

"그런데 적군이 동굴 속으로 살금살금 들어오는 것 아니겠니. 다윗왕은 너무나 긴장했어. 이제 조금 있으면 적군에게 들켜 목숨이 위태로울 수 있으니까 말이야. 그런데 동굴 앞까지 당도한 적군들이 글쎄 이런 말을 하는 것 아니겠니? '흠…. 이 동굴에는 거미줄이 쳐져 있는 것을 보니 사람 하나 없는 무시무시한 곳이로군. 다른 곳으로 이동하자'라고 말이야. 바로 코앞에서 이런 말을 하고 모두 물러가는 것 아니겠니? 평소 아무 쓸모없다고 생각했던 거미가 다윗왕을 살려준 거나 마찬가지야."

아이들이 눈망울이 초롱초롱 빛나는 것을 보면서 아빠가 이야기를 계속했다.

"또 어느 날에는 다윗왕이 우연치 않게 적장의 침실에 들어가게 되었는데 코를 골고 자고 있었어. 다윗왕은 적장의 목숨만은 살려주고 싶었지. 그래서 자신이 적장의 침실까지 들어왔지만 목숨을 살려주고 대신 그 증표로 칼을 가져가고 싶었어. 그런데 그 적장도 자신을 보호하기 위해 커다란 칼을 무릎 밑에 깔고 자는 것 아니겠니? 무턱대고 다리 밑의 칼을 훔치다가는 적장이 잠에서 깨어 도리어 다윗왕을 죽일 수도 있는 순간이야. 아, 그런데 글쎄 모기란 놈이 적장의 다리를 물어 '탁' 때리는 순간 다리를 올리게 된 거야. 다윗왕은 때마침 모기의 도움으로 칼을 빼앗아 유유히 사라질 수 있었어. 하하 정말 재밌지?"

아이들이 합창했다.

"네! 아빠!"

아빠는 또 말을 이어갔다.

"마지막 이야기는 다윗왕이 적군에게 완전히 포위된 상황에서 일어났어. 모든 적군들이 다윗왕을 포위해 왔기 때문에 하늘로 솟아나지 않는 한 어떻게 할 방법이 없었어. 그때 다윗왕은 갑자기 미치광이 흉내를 내기 시작했어. 미치광이 다윗왕을 본 적군들은 크게 의심치 않았고 다윗왕은 무사히 적군에게서 빠져나올 수 있게 되었지."

아빠가 이야기를 끝내고 먼저 주하에게 물었다.

"자. 주하야, 이 이야기를 들으면서 세 이야기의 공통점이 뭔지 알수 있겠니?"

주하가 대답했다.

"아빠, 첫째는 다윗왕이 있고요, 둘째는 적군이 있고요, 셋째는 칼을 들고 있어요."

아빠가 말했다.

"음…. 그래 아주 잘 알아맞혔다. 근데 그것 말고는 또 없을까. 준혁이는 이 이야기의 공통점이 뭐라고 생각해?"

이번에는 준혁이가 대답했다.

"아빠, 근데 세 번째 이야기에는 왜 왕관을 안 썼어요?"

아마도 준혁이는 '공통점'이라는 낱말의 뜻을 잘 모르는 것 같다.

이때 주하가 말했다.

"아빠, 힌트 좀 주세요."

"힌트? 글쎄 처음에 다윗왕은 모기란 놈과 거미란 놈이 쓸모없다고 생각했었지."

주하가 대답했다.

"아. 알겠어요. 쓸모없는 것도 때로는 쓸모 있는 거예요."

아빠가 다시 주하에게 물었다.

"아니 그럼 주하야, 미치광이 짓을 한 것도 쓸모 있는 거니?"

주하가 대답했다.

"네. 아빠, 여기서는 그 미치광이 짓 때문에 적군에게서 빠져나올 수 있었잖아요."

아빠가 말했다.

"그래 맞아. 우리가 친구들 사이에서도 어떤 친구의 어떤 모습이 쓸모없는 것처럼 보이지만 정말로 쓸모없는 친구는 없을 것 같구나."

주하가 말했다.

"네. 아빠 제 친구 하나가 뚱뚱해요. 그런데 그 친구한테 떨어지면 푹신푹신할 것 같아요."

아빠가 주하의 말이 너무 신기해서 물었다.

"그래? 그럼 그 친구의 뚱뚱한 모습도 어떤 면에서는 쓸모 있고 사랑스런 모습이겠네?"

주하가 대답했다.

"네. 아빠, 근데 어떤 친구는 되게 이기적이에요. 그 친구는 나빠요."

아빠가 말했다.

"음…. 그렇다 할지라도 그 친구가 쓸모없는 친구는 아니란다. 어떤 면에서 그 친구도 세상에서 필요하게 될지도 모르겠구나. 여기 모기를 보렴. 세상에 모기만큼 쓸모없고 해를 끼치는 곤충은 없다고 생각하겠지. 하지만 모기도 다윗왕에게 요긴하게 쓰였지 않았니?"

아빠가 계속 말을 이었다.

"어떤 친구가 이기적이라고 해서 그 친구를 완전히 미워하지는 않았으면 좋겠구나."

"네. 아빠."

사람이 가진 죄는 미워해도 그 사람을 미워해서는 안 된다. 왜냐하면 신께서는 어떤 사람도 쓸모없게 만들지 않으셨기 때문이다.

모방하지 않는 것이 닮았다

● **탈무드 본문**

어느 마을에 한 아버지와 아들이 있었는데 동네 사람들은 아들이 아버지를 전혀 닮지 않았다고 입을 모았다. 이 말을 들은 아들이 말했다.
"그게 대체 무슨 소리입니까?"
사람들 앞에서 아들은 더욱 힘을 주어 말했다.
"정반대입니다. 저는 아버지를 제대로 닮았습니다. 제 아버지는 아무도 모방하지 않았고, 저 또한 아무도 모방하지 않으니까요."

● **자녀와의 대화**

오늘은 아이들과 '다름'에 대해 이야기를 나누고 싶었다. 남이 나와 다르고 내가 남과 다르다는 사실을 인정하기만 해도 인생에서 많은 통찰력을 얻을 수 있기 때문이다.

아빠가 아이들에게 말을 꺼냈다.

"얘들아. 이번에는 다른 이야기를 해볼까? 어느 날 아버지와 아들이 있었는데 동네 사람들은 아들이 아버지를 전혀 닮지 않았다고 입을 모았어. 이 말을 들은 아들이 말했어. '그게 대체 무슨 소리입니

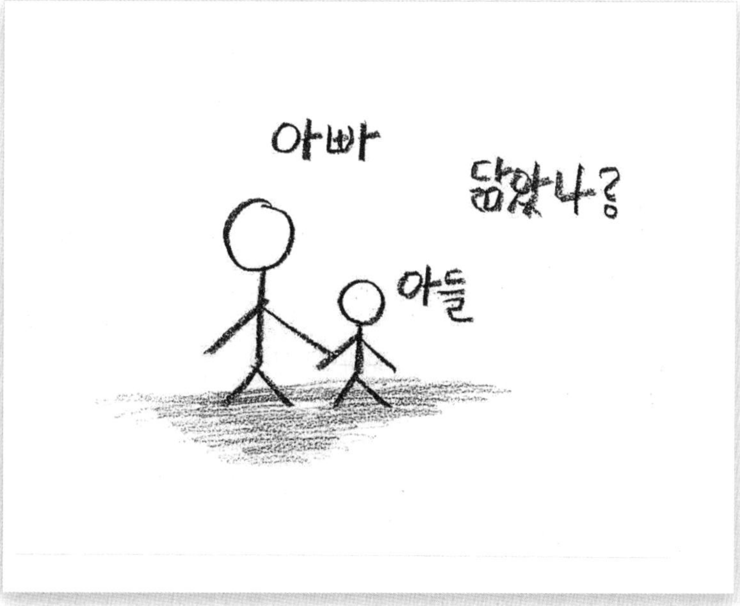
아빠
닮았나?
아들

까?' 하고 말이야. 주하가 아빠를 닮지 않았다는 소릴 들으면 기분이 좋지 않겠지?"

"네."

"그래서 아들은 사람들 앞에서 더욱 힘을 주어 말했어. '정반대입니다. 저는 아버지를 제대로 닮았습니다. 제 아버지는 아무도 모방하지 않았고, 저 또한 아무도 모방하지 않으니까요' 하고 말이야."

아빠가 아이들에게 물었다.

"아빠는 이 아들의 대답이 재치가 있다고 생각해. 왜 그럴까?"

주하가 먼저 대답했다.

"아빠, 제가 아빠랑 하브루타 할 때 주로 하시는 말씀이 '겉모양만 보고 속사람을 판단하지 말라' 아닌가요? 이것도 비슷해요."

아빠가 말했다.

"그래, 그것도 일리가 있구나. 사람들이 외모를 보고 닮지 않았다고 말하는 것은 '서로 닮지 않았으니 어디에서 주워 왔나?'라고 생각할 수 있겠지만 '다른 사람을 모방하지 않는' 성격이 닮았다는 말인데, 그것이 아버지와 아들 관계를 증명한다는 거지?"

주하가 대답했다.

"네."

그때 아내가 말했다.

"어떤 일을 남들과 같지 않게 하는 성향이 같다는 거네요. 다른 사람과 다르게 하는 점이 닮았으니 닮지 않은 것 같지만 닮은 거네요. 호호."

아빠가 다시 물었다.

"그러면 이 이야기가 왜 탈무드에 나와 있을까요? 이 이야기를 통해서 주려는 교훈은 뭘까?"

주하가 대답했다.

"아빠, 아까 말했잖아요. 겉모양을 보고 사람을 판단하지 말라니까요? 히히히."

아빠가 웃으며 말했다.

"하하하. 완전 우리 주하의 레퍼토리네."

아내가 이야기했다.

"여보, 신은 사람들을 모두 다르게 창조하셨으니 다 똑같을 수는 없다는 것 아닐까요? 하물며 아버지와 아들 사이도 말이에요."

아빠가 말했다.

"그래요. 그 말도 맞네요. 사람들이 다름을 인정하고 다름을 당연하게 생각해주는 것이 좋을 것 같아요. 그리고 우리도 다른 사람들과 다르게 사는 게 당연하고요."

모든 사람들이 잘못되었을 때

● 탈무드 본문

교육부의 관리가 초등학교를 시찰하러 왔다가 한 학생에게 물었다.
"지구본이 왜 기울어져 있지?"
학생은 당황하여 자신이 그런 것이 아니라고 변명했다. 관리는 어처구니가 없어서 교사에게 교육이 신통치 않다고 하자, 교사는 얼굴을 붉히며 더듬더듬 말했다.
"이 지구본은 처음 사올 때부터 이렇게 기우뚱했습니다."
그래서 이번에는 교장 선생에게 알리자, 교장은 즉시 교사를 불러 호령했다.
"내가 당신들에게 학교 교재를 유대인 가게에서 사서는 안 된다고 주의시키지 않았소!"

● 자녀와의 대화

"어느 날 한 나라의 대통령이 교육부 장관을 불러 이 나라의 교육이 어떻게 시행되고 있는지 시찰하고 오라는 명령을 내렸어. 교육부 장관은 그 나라에서 가장 교육이 잘 되고 있다는 도시를 선택하여 그 지역의 장학사를 불러 이렇게 말했어. '대통령의 명으로 이 도시의 교육

현황에 대해 시찰할 터이니 잘 안내해 주시오'. 장학사는 답했지. '네. 장관님 가장 교육이 잘 되고 있는 학교로 안내하겠습니다'라고. 장관과 장학사는 그 도시에서 가장 유명하다고 소문난 학교를 방문하여 학교 수업을 참관하기로 했어."

이번 이야기는 서두에서 아이들의 흥미를 끄는 매력이 조금 부족한 것 같다. "과학시간, 지구본을 관찰하는 학생에게 장관이 물었어. '아니. 누가 이 지구를 이렇게 옆으로 기울여 놓았니?'. 그랬더니 학생은 대답했지. '어. 제가 안 그랬는데요'라고. 그 장관은 옆의 선생님을 보며 말했어. '그럼 대체 누가 이렇게 이 지구를 옆으로 기울여 놨단 말이오?' 하고 말야."

주하가 이야기 속 교훈을 눈치챘다는 듯 슬며시 미소를 지어보였다.

"'제가 그렇게 한 게 아닌데요. 정말 죄송합니다'. 교사는 당황스러워했지. 그 장관은 다시 장학사에게 눈총을 주며 말했어. '이게 어떻게 된 일입니까?', '아. 그게 저 지구본은 살 때부터 저렇게 기울어져 있었던 것 같습니다. 다음부터는 잘 보고 구입하도록 조치를 취하겠습니다'. 정말 웃기지? 그 장관은 더욱 큰 소리로 모두를 나무랐어. '아니. 그럼 이 최고의 학교에 과학 도구를 불량품으로 구입했단 말이오?', '아. 정말 죄송합니다. 여기에 관련된 사람들은 엄벌에 처하도록 조치하겠습니다'."

아빠가 이야기를 끝내자 아이들이 박장대소했다.

"하하하!"

주하가 말했다.

"아빠. 지구본은 원래 기울어져 있어요. 누가 잘못한 게 아니에요."

누나의 말을 듣고 있던 준혁이가 유치원에서 배운 과학상식을 말했다.

"아빠. 지구는 자전도 하고 공전도 해요."

아내가 준혁이에게 물었다.

"준혁아, 자전이 뭐고 공전이 뭔지 아니? '스스로 자' 자를 쓰는데…."

준혁이가 말했다.

"알아요. 스스로 자! 스스로 도는 거예요."

주하가 또 말했다.

"일 년에 태양 주위를 한 바퀴를 도는 것이 공전이에요."

아빠가 말했다.

"그래 잘 말했다. 자, 봐. 엄마의 머리가 태양이고 아빠의 주먹이 지구라면 이렇게 혼자 돌고 있는 게 뭐지?"

주하가 대답했다.

"자전이요."

"그럼 이렇게 스스로 돌면서 엄마 머리 주위를 빙 도는 것은?"

"공전이요."

아빠는 '내가 저 나이 때 공전, 자전 개념을 알고 있었나…' 하는 생각을 했다.

"그래. 잘 말했다. 이렇게 누구도 아는 사실을 여기 있는 모든 사람이 모르고 있네. 만약 어떤 사실이나 어떤 진실을 모든 사람들이 잘못 알고 있을 때 어떤 일이 생길까? 그리고 또 모든 사람이 진리를 외면할 때 나는 어떻게 해야 할까?"

이 대화는 여기서 끝났다. 이 질문에 대해 아이들이 잘 이해를 못하는 것 같았다. 다음에 기회가 있을 때 아빠가 더 이해하기 쉽게 풀어서 물어볼 계획이다.

약한 자도 존중해야 하는 이유

● **탈무드 본문**

이 세상에 약하면서도 강자에게 공포감을 느끼게 하는 것이 네 가지가 있다. 모기는 사자에게 공포감을 주고, 거머리는 코끼리에게 공포감을 주고, 파리는 전갈에게 공포감을 주고, 거미는 매에게 공포감을 느끼게 한다.
아무리 크고 힘이 센 자라도 항상 막강한 것은 아니다. 또 아무리 약한 것이라도 조건만 갖추어지면 강한 자를 이길 수 있는 것이다.

● **자녀와의 대화**

오늘은 아빠와 하브루타를 하기 전에 아이들과 장기 게임을 했다. 요즘 부쩍 실력이 늘은 주하가 준혁이 훈수를 하느라고 여념이 없다. 최선을 다해 져주는 아빠를 상대로 이겼다며 너무들 좋아한다. 장기 게임에서 아빠는 아슬아슬하게 져주는 역할을 하며 아이들이 이기는 모습을 보면 너무 흐뭇하다. 오늘 밤은 준혁이 마저 아빠를 이겨 버렸다.

"자. 이제 아빠랑 하브루타 할까? 오늘은 어떤 재미난 이야기를 들려줄까? 얘들아. 약한 자가 강한 자에게 공포감을 줄 수 있다고 생각

하니?"

준혁이가 물었다.

"아빠, 어떻게 그럴 수 있어요?"

아빠가 말했다.

"자. 가령 모기는 사자에게 공포감을 줄 수 있단다. 어떻게 공포감을 줄 수 있을까?"

준혁이가 대답했다.

"아빠, 모기는 사자의 엉덩이나 똥꼬에 독침을 놓을 수 있어요."

아빠가 말했다.

"그래, 그렇다 할지라도 커다란 사자가 모기를 잡기란 힘들지. 모기같은 작은 곤충이 사자처럼 큰 동물과 상대가 되겠니? 하지만 이렇게 하찮고 약하게 보이는 모기가 도리어 덩치 큰 사자에게 두려움을 줄 수 있지. 이밖에도 거머리가 코끼리에게 공포감을 줄 수 있단다. 어떻게 그럴 수 있을까?"

준혁이가 대답했다.

"아빠, 거머리가 코끼리 뒷다리에 붙어서 피를 빨아먹을 수 있어요."

"그래, 맞아. 그렇다 할지라도 이렇게 보이지 않을 정도로 작은 거머리를 덩치 큰 코끼리가 어떻게 잡을 수 있겠니? 그리고 파리는 전갈에게 공포감을 줄 수 있지. 파리는 워낙 빨라서 독침을 갖고 있는 전갈도 파리가 붙으면 어떻게 할 수가 없어. 또 작은 거미는 독수리에게 공포감을 줄 수 있단다."

주하가 조금 어이없다는 듯 말했다.

"아빠, 그것은 좀 아닌 것 같아요. 거미를 먹어버리면 되잖아요."

준혁이가 말했다.

"아빠, 독수리가 거미를 먹으면 입안에 거미줄을 쳐버리면 되잖아요."

아빠가 크게 웃으면서 말했다.

"하하. 그래? 그거 참 재밌는 상상이로구나. 그런데 하늘을 날아다니는 독수리가 작은 거미를 포착해서 먹기란 그렇게 쉽지 않단다. 그리고 만약에 거미가 독수리의 눈에라도 붙는 날이면 곤란한 일이 생길 수 있지. 이렇게 아무리 몸집이 작고 약하더라도 어떤 조건만 갖추어지면 덩치 큰 동물에게 공포감을 줄 수 있단다. 성경에도 이와 비슷한 이야기가 나오지? 가령 작고 약한 다윗이 누구랑 싸워 이겼지?"

주하가 대답했다.

"골리앗이요."

"그래, 맞아. 작고 약한 다윗이 물맷돌을 이용해서 거인 골리앗을 이겼지?"

주하가 또 대답했다.

"그리고 아빠, 모세가 이끄는 이스라엘 백성이 나팔을 불며 여리고 성을 돌자 무너졌잖아요."

"그래, 아주 잘 기억하고 있구나. 다윗과 골리앗 이야기를 더 들려줄게. 잘 들어봐. 소년 다윗은 너무 작아서 형들이 전쟁터에 나가는 동안 양을 치고 있었어. 아버지가 못 나가도록 막은 거지. 그런데 오랫동안 형들이 전쟁터에서 돌아오지 않자 아버지가 너무 궁금해서 형들이 어떻게 되었는지 다윗을 시켜서 알아보고 오도록 했어. 다윗이 전쟁터에 나가서 보았을 때, 이스라엘의 군대가 블레셋 군대에 점점 밀리고 있었어. 거인 골리앗이 이스라엘 백성들에게 공포감을 주고 있었지. 형들이 다윗을 발견했을 때 형들은 깜짝 놀라 다윗에게 빨리 집으로 돌아가라고 말했어. 하지만 전쟁터에서 지고 있는 우리 군대를 보고 돌아갈 수가 없어 사울왕에게 골리앗을 대항해 싸울 수 있도록 허락해 달라고 청했지. 사울왕은 작은 소년의 용기를 보고 자신의 갑옷을 입고 칼을 들도록 했어. 그런데 그 큰 갑옷을 입고 칼을 들어보니 둘 다 너무 무겁고 들 수가 없어서 모두 벗어버리고 물맷돌만 가지고 골리앗 앞으로 나갔지. 이 작은 소년 다윗이 다가오는 것을 본 골리앗은 너무나 웃겨서 웃음이 났지."

아이들도 따라 웃었다.

"감히 나를 상대로 작은 소년이 다가 오다니, 단번에 밟아 죽여 버리겠다!'. 골리앗은 그야 말로 기세가 등등했지. 다윗은 하나님께 기도하고 물맷돌을 돌려 힘껏 날렸어. 그 순간 물맷돌 하나가 골리앗의 이마를 정통으로 맞추어 이마가 뚫어져버렸고, 골리앗은 그 자리에 쓰러졌어. 그러자 다윗은 골리앗의 칼을 뽑아 목을 쳐버렸지. 이 광경을 지켜본 이스라엘 군대는 기세가 하늘을 찔러 블레셋 군대를 송두리째 박살내버린 거야."

아빠가 물었다.

"주하야, 준혁아, 다윗은 어떻게 해서 거인 골리앗을 무너뜨렸을까?"

주하가 대답했다.

"아빠, 신의 능력으로 그렇게 할 수 있었어요."

"그래, 맞아. 또?"

주하가 대답했다.

"그리고 용기와 자신감이 있었어요."

"그래, 또 뭐가 있었을까? 다윗은 평소에 양치기 목동이었어. 그래서 양들을 보호하기 위해 늑대나 곰이 나타나면 물맷돌을 던져 몰아내곤 했지. 골리앗을 이길 수 있었던 것은 평소에 늑대들을 몰아낼 수 있는 물맷돌 실력 때문이었어."

주하가 대답했다.

"아빠, 알겠어요. 항상 연습해야 해요."

"평소에 적을 대항해서 싸울 수 있는 연습도 필요하겠지. 그리고 아까 주하가 말했던 신의 능력과, 자신감과, 용기가 모두 거인 골리앗을 이길 수 있었던 이유인 것 같구나."

다른 생각, 다른 표현, 다른 삶

• 탈무드 본문

유대인들은 다름의 민족이다. 유대인 백 명에게 한 가지 질문을 하면 백 가지 다른 대답이 나온다. 삶속에서도 남과는 다르게 생각하고 표현하며 살아간다. 왜냐하면 그들은 창조주가 인간을 만들 때 얼굴을 모두 다르게 만든 것처럼 다르게 살도록 원하시기 때문이라고 생각한다. 세상과 구별되게 사는 태도가 그들의 삶속에 깊이 자리 잡고 있다.

• 자녀와의 대화

아이들에게 자신의 정체성에 대해 알려줄 방법이 없을까? 다양성과 개별성에 대해 말해주고 싶었다. 아빠는 오늘도 하브루타를 시작했다.

아빠가 말을 꺼냈다.

"주하야, 준혁아, 사람들마다 왜 얼굴이 다 다를까? 쌍둥이들은 얼굴이 똑같을까?"

주하가 먼저 말했다.

"아니요. 제 친구가 쌍둥이거든요. 쌍둥이들도 얼굴이 다 달라요.

피부가 살짝 더 탔다든가 아니면 점이 있다든가 잘 보면 약간씩 달라요."

아빠가 말했다.

"그럼 왜 신이 이렇게 사람들의 얼굴을 다양하게 만드셨을까. 얼굴이 똑같으면 조물주의 입장에서도 관리하기가 쉬울 텐데 말이야. 준혁이 한번 말해봐."

준혁이가 말했다.

"멋진 사람들이 있는데 다른 사람들은 더 멋져야 하니까요. 그리고 사람들이 똑같으면 너무 이상할 것 같아요. 똑같은 사람이 열 개나 생기면 우리는 아이언맨이 되잖아요."

아빠가 말했다.

"하하하. 이번에는 주하가 말해볼까. 왜 신은 이렇게 사람들을 다르게 만들었을까?"

주하가 말했다.

"아빠 간단하게 밀할까요? 길게 말할까요?"

주하의 말주변이 제법이다.

"간단하게 말해보렴."

"간단히 말해서 신이 우리에게 서로 다른 장점을 주셔서 한 명, 한 명의 얼굴을 다 다르게 하셨어요."

이번에는 준혁이가 나섰다.

"아빠, 얼굴이 다르면 생각도 달라요."

경쟁하듯 주하가 다시 말했다.

"아빠, 그래서 성형하는 사람은 나쁜 사람이지요? 다르게 만드셨는데 똑같은 사람이 되려고 하니까요."

아빠가 말했다.

"그래, 좋은 생각이로구나. 하나님이 모두 다르게 만들어 주셨는데 인위적으로 바꾸는 것은 그렇게 좋은 생각은 아닌 것 같구나."

이번에는 준혁이가 말했다.

"아빠 똑똑한 사람이 다 똑같으면 안 되니까, 똑똑한 사람을 알아볼 수 없으니까요."

아빠가 말했다.

"그래. 그 말도 일리가 있네. 주하야, 사람들이 얼굴이 다르고 생각이 다르면 무슨 장점이 있을까?"

주하가 말했다.

"장점이 다 다르니까 신께 쓰임 받는 사람이 다 제 각각이고 다르게 쓰실 데가 있으니까요."

준혁이가 엉뚱한 말로 다시 끼어들었다.

"공사할 때 일하는 사람이 이야기하면 안 되니까 안전모를 써야 해요!"

"하하하! 준혁아, '쓰인다'는 말을 모자 쓰는 일로 알아들었구나. 준혁이는 사람이 다르게 만들어져서 좋은 점이 무엇인 것 같아?"

준혁이가 말했다.

"응. 사람이 누구인지 알려주고 멋진 사람과 예쁜 사람이 결혼할 수 있으니까요."

"하하! 그렇구나. 주하야 사람이 얼굴도 다르고, 생각도 다르면 어떤 점이 좋을까?"

"아빠, 생각이 다르면 서로 의논하면서 생각도 키워주고 '이러면 안 되겠구나', '그건 별로 좋은 방법이 아니구나' 하면서 대화하는 시간이 많아지잖아요. 사람들의 생각이 똑같다면 우리가 하는 하브루타도 필요 없어요."

"그럼 주하야, 만약에 생각이 다르기 때문에 나타날 수 있는 단점은 무엇일까?"

"싸움이 일어날 수 있어요. 자신을 표현하다 보니 남이 자신의 생각과 다르다고 싸울 수 있어요."

"그럼. 주하야 싸움이 안 일어나도록 하려면 어떻게 하면 좋을까?"

"남의 말을 잘 경청해주고 따라주면 싸움이 안 일어날 것 같아요. 그리고 자신의 생각을 행동으로 보여주지 않는 거예요. 다른 사람의 생각이 다르다고 짜증을 내지 않는 거지요."

"그래, 너무 좋은 생각이구나. 신이 우리를 이렇게 얼굴도 다르게 만들고 생각도 다르게 만들어 주셨는데 우리가 다른 사람들과 똑같이 살아가기를 원하실까."

"아니요."

"그럼 우리는 어떻게 하면 좋을까?"

주하가 또 대답했다.

"다른 사람과 다르게 살기 위해서 우리는 여러 가지 일을 해보고 자신의 장점을 찾도록 노력해야 되요."

"그래 맞아. 그럼 주하의 장점은 뭐라고 생각하니? 다른 친구들보다 특별히 다르다고 생각하는 장점이 있니?"

주하가 대답했다.

"노래요. 저는 노래를 잘하는 것 같아요."

"그래? 그리고 또 무엇이 장점일까?"

주하가 대답했다.

"저는 항상 자신감이 있고 용감해요."

아빠가 말했다.

"그래. 무슨 일이든 자신 있게 하는 것이 무엇보다 중요한 것 같구나. 그런 장점을 살린다면 무슨 일이든 잘 해낼 수 있을 거야."

주하가 대답했다.

"네. 아빠."

실천하기 위해서 배우다

● 탈무드 본문

두 집 사이에 담장이 있었다. 한 집은 담장 밑에 채소를 심었는데 옆집 나뭇가지가 담을 넘어와서 그늘이 생기자 그 밑의 채소가 제대로 자라지 못했다. 그래서 이웃집에 담장을 넘어온 가지만 잘라달라고 요청했다. 그러나 옆집 사람이 말했다.

"그 나무는 균형 잡힌 모습입니다. 한쪽을 자르면 값이 나가지 않습니다. 자를 수 없습니다."

채소를 심은 사람은 할 수 없이 랍비에게 가서 해결책을 요구했다. 랍비는 가만히 듣더니 말했다.

"내일 판결하겠습니다."

둘은 할 수 없이 집으로 돌아갔다가 다음 날 랍비를 다시 찾아갔다. 랍비가 말했다.

"잘라야 합니다."

한 사람이 물었다.

"그렇게 간단한 이야기를 왜 어제 말하지 않고 하루를 미루었습니까?"

"잘라야 한다고 말하려다 보니 우리 집 나무가 옆집 담장을 넘어가 있는 것을 알았습니다. 그래서 어제 가서 잘랐지요. 그리고 나서 잘라야 한다고 말하는 것입니다."

• 자녀와의 대화

아빠가 손수 프라이팬에 고구마를 구웠다. 매번 쪄먹던 고구마를 이번에는 구워서 먹어보고 싶었다. 아이들은 거실에서 엄마와 함께 독서도 하고 공기놀이도 하며 놀고 있었다. 어린 준혁이가 간간히 아빠에게 고구마가 익었는지 젓가락으로 찔러보라고 말했다.

"주하야, 준혁아, 하브루타 할 시간이다. 아빠랑 군고구마 먹자."

아이들이 소리쳤다.

"와!"

아이들이 식탁으로 다가왔다. 아빠는 고구마를 아이들에게 나눠주면서 자연스럽게 이야기를 시작했다.

"어느 날 마당 한편에 채소를 가꾸고 있는 사람에게 고민이 생겼어. 이웃집에서 키우고 있는 아름드리나무의 나뭇가지가 담장을 넘어와 그늘을 만들어 채소가 잘 자라지 않는 것이었지. 맘 같아선 넘어 온 나뭇가지를 잘라버리고 싶었지만 어쩔 줄을 몰랐지. 주하야, 준혁아 너희들 같으면 넘어온 나뭇가지 때문에 우리 집 마당에 채소가 자라지 않는다면 어떻게 할 거야?"

준혁이가 먼저 말했다.

"아빠, 그 나무를 다른 쪽으로 옮겨 심으면 되잖아요."

아빠가 말했다.

"응. 그래? 그거 참 좋은 생각이로구나."

그 다음 주하가 말했다.

"아빠, 그러지 말고 나무를 옮겨 심으면 힘드니까 채소를 다른 곳으로 옮겨 심으면 되잖아요."

아빠가 말했다.

"오호. 그래? 그것도 참 좋은 생각이로구나."

아내가 말했다.

"여보, 그 이웃집에 가서 나뭇가지가 채소에 피해를 입히고 있으니 가지치기를 해달라고 부탁해 보는 것은 어떨까요?"

아빠가 말했다.

"와! 그 말도 괜찮네요. 내 맘대로 나뭇가지를 잘라내면 그것도 남의 소유이기 때문에 문제가 생길 수 있으니 말이에요."

아빠가 계속 말을 이었다.

"자. 며칠을 고민한 그는 랍비에게 찾아갔어요. 이 말을 들은 랍비는 말을 듣던 도중 잠깐 멈추더니 갑자기 집으로 돌아가 버렸어요. 자! 랍비가 이야기를 듣던 중 갑자기 집으로 돌아간 이유는 뭘까요?"

아내가 대답했다.

"뭔가 자기도 비슷한 일이 생기지 않았을까요?"

아빠가 말했다.

"아, 그래요? 그럴 수 있겠네요."

주하가 말했다.

"아빠, 그 랍비도 자기 집 마당에 기르는 나무의 나뭇가지가 옆집 담장 너머로 간 거예요."

"음…. 그럴 수도 있겠네."

준혁이가 말했다.

"아빠, 랍비가 갑자기 똥이 마려워서 간 것 같아요."

"하하하! 그래? 그럴 수도 있겠구나. 뭔가 급한 일이 생겼겠네."

아빠가 계속 말을 이었다.

"랍비의 마당에도 그렇게 큰 나무가 있었고 나뭇가지가 이웃집의 담장을 넘어간 거예요. 집으로 돌아온 랍비는 이웃집으로 넘어간 나뭇가지를 잘라냈어요. 그리고 다음날 그 사람을 찾아와서 나뭇가지를 이웃집과 의논해서 잘라내도록 답을 주었어요. 자. 그런데 여기서 질문! 랍비는 왜 즉시 해결책을 말해주지 않고 다음날 다시 와서 말해줬을까요?"

주하가 말했다.

"자기에게도 똑같은 일이 벌어졌으니까요. 급히 가서 그 일을 해결한 거예요."

"그래. 잘 말했다. 그런데 아빠의 질문은 왜 먼저 가서 자기 집의 나뭇가지를 치고 그 다음에 와서 말했겠냐는 거지. 가령 그 나뭇가지를 잘라내라고 먼저 말하고 자기 집에 가서 나뭇가지를 잘라도 되잖아. 왜 왔다갔다 번거롭게 했느냐는 거지."

아내가 말했다.

"가르치는 사람은 아무래도 모범을 보여야 하니까 그러지 않을까요?"

주하가 말했다.

"아, 아빠 저 생각이 바뀌었어요. 가르치는 사람이기 때문에 자기가 먼저 행동하고 그 다음에 알려주려고 한 거예요."

아빠가 말했다.

"그래, 가르치는 사람에게 가장 중요한 것이 있어. 두 글자야. 가르치는 사람이 자신의 입으로 말한 것을 행동으로 옮기지 않으면 위선자나 마찬가지지. 이렇게 행동으로 옮기는 일을 무엇이라고 할까?"

주하가 밀했다.

"실천이요."

"그래, 맞다. 실천이란다. 만약 엄마 아빠가 너희들에게 화내지 말고 싸우지 말라고 해놓고서 서로 화내거나 싸우면 어떨까? 그리고 욕하지 말라고 가르쳐놓고 욕을 하면 어떨까?"

할아버지가 나무를 심은 이유

• 탈무드 본문

어떤 노인이 정원에다 어린 나무를 심고 있었다. 그때 그곳을 지나던 나그네가 노인에게 물었다.

"노인장께서는 언제쯤 그 나무에 열매가 열리리라고 생각하십니까?"

"아마 70년쯤 후면 열리겠지요."

노인이 대답하자 나그네는 또 물었다.

"노인장께서는 그때까지 살아 계실 수 있습니까?"

그러자 노인은 대답했다.

"아니요. 그때까지 살 수야 없겠지만 아무래도 상관없소. 내가 태어났을 때 우리 집 과수원에는 많은 과일이 열려 있었소. 그것은 내가 태어나기도 전에 내 부친께서 나를 위해 심어 놓으신 것이었소. 나도 아버님과 똑같은 일을 하고 있는 것이라오."

• 자녀와의 대화

오늘은 아이들과 특별한 주제에 대해 이야기해 보고 싶었다. 오랜 기간을 노력해야만 얻을 수 있는 것들 말이다. 말하자면 '지혜'나 '교육'과 같은 것이다.

"자. 오늘은 어떤 재미난 이야기를 해볼까. 잘 들어봐. 어느 날 어떤 할아버지가 한 그루의 쥐엄나무 묘목을 심고 있었어. 그것을 지켜보던 사람이 물었어. '할아버지. 그 나무가 자라서 열매까지 먹으려면 얼마의 시간이 걸립니까?', '그거야. 한 70년은 걸리겠지요', '아니 그러면 연세도 많으신데 그 열매를 따 먹을 수 있을까요?', '이 나무는 내가 키워서 먹지 못하더라도 내 아들이나 또는 그 손자가 먹을 수 있도록 먼 미래를 보고 심는 거지요'."

아이들이 잠자코 이야기를 듣고 있다.

"준혁아. 이렇게 단 시일에 어떤 열매를 맺는 거 말고 오랜 시간에 걸쳐 물을 주고 거름 주고 시간과 노력을 기울여야 열매를 맺는 것에는 뭐가 있을까?"

준혁이가 천진난만한 대답을 했다.

"아빠. 딸기도 있고, 오이도 있고, 참외도 있고, 수박도 있고, 사과도 있어요."

"아. 그래? 그렇구나. 물론 여기 이 이야기의 나무처럼 30년 걸쳐서 열매를 맺는 것은 아니지만 딸기도 참외나 수박도 수개월에 걸쳐 물도 주고 거름도 주고 해야 열매를 맺겠지?"

"네."

이번에는 주하에게 물었다.

"주하야. 주하는 이렇게 오랜 시간과 노력을 들여서 열매를 맺는 일에는 무엇이 있다고 생각해?"

주하가 몇 살 더 먹었다고 조금 어른스런 대답을 했다.

"음…. 실력이요."

아빠가 미소 지으며 말했다.

"와! 너무 좋은 대답인데. 아빠는 주하에게 분명히 눈에 보이는 과일 열매를 이야기했는데 어떻게 눈에 보이지 않는 실력을 생각해냈지? 너무 놀라운데. 그래 실력이라는 것도 단시간에 걸쳐 얻어지는 게 아니라 오랜 시간에 걸쳐 연마해야 얻어지는 것이겠구나."

'열매'라는 단어를 상징적인 의미로 해석한 주하가 대견스러웠다.

"아빠, 또 있어요."

"그게 뭔데?"

"지식과 지혜에요."

"오호! 그래. 그것도 맞는 말이다. 지식과 지혜도 얻으려면 많은 시간과 노력이 필요하지. 우리 주하, 준혁이가 유치원부터 초등학교, 중학교, 고등학교, 대학교까지 얼마나 많은 시간 동안 공부하고 노력해야 할까. 정말로 오랜 시간이구나. 그런 것을 보면 교육이나 가르침 또한 오랜 시간이 걸리는구나. 준혁아, 그것 말고 또 많은 시간과 노력이 필요한 것은 무엇일까?"

"거룩한 성품이요."

아빠가 맞장구를 쳤다.

"거룩한 성품이라…. 그래, 맞아! 거룩한 성품도 일순간에 만들어지는 것이 아니겠구나. 사람이 종교를 갖는다고 해도 그 성품이 단숨에 바뀌는 것이 아니니 말이야. 그렇지?"

"네."

"주하야. 준혁아. 그래서 우리가 어떤 큰일을 이루기 위해서는 많은 시간과 노력을 기울일 필요가 있단다. 만약에 단숨에 아무나 하는 것이라면 다른 사람들도 쉽게 할 수 있지 않겠니?"

"네."

아빠가 마지막으로 말했다.

"그래서 너희의 공부도 한두 달이나 1~2년 하는 것이 아니라 평생 동안 하는 것이란다. 알겠지?"

준혁이가 말했다.

"네. 아빠."

Part 3

생각 주머니
키우기

아빠, 우주는 끝이 있어요

질문은 왜 하는 것일까? 여기에도 여러 가지 대답이 있을 것이다. 어떤 사람은 궁금하기 때문에 질문한다고 하고 어떤 사람은 자신이 모르기 때문에 질문한다고 한다. 질문이란 결국 '남을 배려하는 것'이다. 왜냐하면 자신의 생각과는 다른 상대방의 생각이 어떤지 들어보고 서로 합의점을 찾기 위한 과정이기 때문이다.

이런 의미에서 질문이란 경청의 의미를 포함하고 있다. 결국 상대방의 생각을 배려하며 잘 듣겠다는 의지의 표현인 것이다. 간혹 질문을 해놓고 상대방의 말이 끝나기도 전에 자신의 말을 하는 사람들을 종종 본다. 이렇게 되면 배려와 경청의 자세가 무너진다. 놀랍게도 상대방의 말을 잘 경청해주기만 해도 말 잘한다는 소리를 듣는다. 별로 말하지 않고 듣기만 해도 그렇다니 경청이란 또 얼마나 중요한가.

질문은 또한 상대방으로 하여금 생각하도록 한다. 질문을 받을 때 사람의 뇌는 전시 상황이 펼쳐진다. 두뇌의 모든 시냅시스가 작동하여 뇌가 활성화된다. 실제로 질문을 받는 사람과 그렇지 않은 사람의 뇌를 적외선 촬영을 한 결과 질문을 받은 사람의 뇌가 그렇지 않은 사람보다 더 활성화되는 것을 볼 수 있다.

아이들에게 배려 깊은 질문을 던지는 것은 그래서 더욱 중요하다.

성인들과 마찬가지로 아이들도 어떤 상황에서 자신이 존중 받고 있다는 것을 쉽게 느낀다. 그리고 칭찬과 인정을 받을 때 아이들의 상상력과 창의력은 날개를 단다. 결국 배려 깊은 질문 하나가 아이들의 생각 주머니를 깊고 넓게 만들어준다.

어느 날 주하가 아빠에게 다가와서 말했다.

"아빠. 우주는 끝이 있어요."

아빠가 뜬금없는 아이의 말에 고개를 돌리며 말했다.

"그래? 그것 참 새로운 아이디어구나. 근데 주하 너는 왜 우주가 끝이 있다고 생각해?"

"아빠는 왜 우주가 끝이 없을 거라 생각하세요?"

아빠는 깜짝 놀라 말했다.

"와. 너무 좋은 질문이다. 주하야, 이렇게 질문에 대해 다시 질문하는 것도 좋은 공부방법이란다. 자, 그러니까 전쟁으로 치자면 상대방에게 질문하는 것은 일종의 공격이야. 그러면 상대방은 질문에 대해 방어를 해야겠지."

"네. 아빠."

아빠가 말을 이었다.

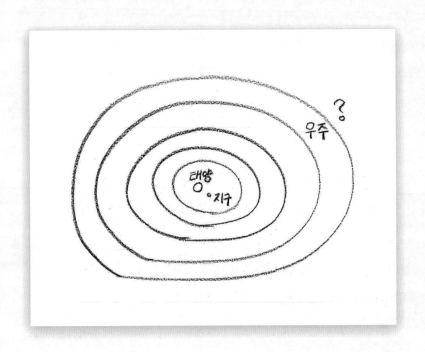

"그런데 도리어 그 질문에 대해 다시 질문하면서 반격하는 거지. 주하처럼 말이야. 저기 풍선공을 가지고 설명해 볼까?"

아빠가 거실에 있는 커다란 풍선공을 주하에게 주고 받으면서 설명해 주었다.

"자, 그럼 아빠가 대답해 볼게. 왜 끝이 없을 거라고 생각하느냔 말이지. 사람들이 어떤 표현을 할 때 '끝없이 펼쳐진' 우주라고 하지. '끝이 있는' 우주라고 표현하지 않잖아. 어때?"

아빠가 빠져나갈 수 없는 증거를 대고 다시 주하에게 질문했다.

"자, 그럼 주하야 이제 너는 왜 우주가 끝이 있다고 생각하니?"

주하가 대답했다.

"아빠 세상에는 끝이 있잖아요. 식물도 시작이 있고 끝이 있어요. 사람도 동물도 시작이 있고 끝이 있지요. 그렇게 보면 우주라고 끝이 없겠어요?"

아빠가 주하의 공을 되받았다.

"그래, 사람도 태어나기도 하고 죽기도 하지. 그럼 죽으면 끝인가?"

"아니지요. 그 이후에 세상이 또 시작되는 거죠."

아빠가 다시 물었다.

"주하야, 우주가 끝이 있다면 그 우주 밖에는 뭐가 있을까?"

"그야 우주가 끝나고 또 다른 우주가 있죠. 보세요. 여기에 우주가 있고 태양이 있고 지구가 있어요. 그리고 우주가 이렇게 겹겹이 있어요."

아빠가 또 물었다.

"그러니까 그 겹겹이 있는 우주가 마지막으로 끝난 그 바깥의 공간은 뭐냐고요? 하얗게 생겼을까 까맣게 생겼을까?"

"하얗게 생겼어요."

대화가 점점 상상 속으로 빠져든다. 하지만 끝내지 않는다.

"왜 그렇게 생각하는데? 그러면 빛이 있는 건가?"

주하가 자신 있게 대답했다.

"네."

아빠가 또 물었다.

"그럼 그 빛은 어디서 왔을까? 가령 지구는 태양이 비추어 빛이 있잖아. 그럼 그 빛은 어떤 행성에서 비추는 것일까?"

"아니요. 원래 밝은 곳이에요."

아빠가 말했다.

"우리 주하가 우주에 대해 관심이 아주 많구나. 장차 과학자가 될 것 같은데. 잘 연구해서 나중에는 누구도 반박할 수 없는 증거를 가져와야 돼."

주하가 말했다.

"네, 아빠."

01

어떻게 배상해야 할까?

물동이의 배상문제

● **탈무드 본문**

한 사람은 물동이를 들고 앞에 가고 있고, 다른 한 사람은 막대기를 들고 뒤에 가고 있었다. 그런데 앞에 가던 사람이 갑자기 멈추는 바람에 뒤에 가던 사람의 막대기가 항아리를 건드려 항아리가 깨져버렸다면 누구 책임일까?"

● **자녀와의 대화**

오늘은 아빠가 퇴근이 조금 늦어져 저녁 8시가 되어서야 집에 들어왔다. 여느 때 같으면 아이들 할머니께서 이미 못 기다리시고 식사를

하셨을 법하지만 특별히 전화가 왔다.

"아범, 빨리 안 오니?"

"네 어머니 지금 가고 있는데 식사 안하셨어요?"

"아범 기다리느라고 안 먹고 있다."

어머님은 온 가족이 식탁에 둘러 앉아 저녁식사하는 것이 너무나도 흐뭇하셨나 보다. 아이들과 식탁에서 하루에 있었던 일을 나누면서 식사하는 것이 좋으셨던 모양이다. 집으로 향하는 발걸음을 재촉했다.

아빠가 예쁜 반찬 그릇에 김치와 반찬을 덜고 엄마는 찌개와 밥을 준비했다. 아이들이 하나둘씩 식탁으로 모였고 즐거운 식사가 시작되었다.

서로 오늘 하루 동안 즐거웠던 이야기를 나눴다. 주하는 직업체험관에 가서 직업체험 했던 이야기를 했고 그 다음에는 준혁이가 말했다.

"아빠. 저는 친구에게 문제를 냈어요. 제가 '엉덩이에서 거미줄이 나오는 게 뭐 게?'라고 했는데 그 친구가 사람이라고 대답했어요. 웃기죠?"

아빠가 웃으며 말했다.

"하하하. 정말 재밌구나. 준혁아 답이 거미인데 말이야."

할머니는 건물청소 일을 하시면서 사장님이 커다란 감 세 개를 주셨는데 동료들과 맛있게 나누어 드신 이야기를 하셨다.

아빠가 뒤이어 말했다.

"자, 오늘은 아빠가 문제 하나 낼게. 한 사람은 물동이를 들고 앞에 가고 있었고, 다른 한 사람은 막대기를 들고 뒤에 가고 있었어. 그런데 앞에 가던 사람이 갑자기 멈추는 바람에 뒤에 가던 사람의 막대기가 항아리를 건드려 항아리가 깨져버렸다면 이것은 누구 책임일까?"

아이들이 다투듯 손을 들었다.

"안 되겠다. 싸움 날 것 같으니 가위바위보를 해라. 안내면 진다! 가위바위보! 자, 주하 먼저."

주하가 대답했다.

"아빠, 저는 앞에 가는 사람이 잘못했다고 생각해요."

아빠가 놀라서 물었다.

"오호! 그래? 좋은 생각이네. 왜 그렇게 생각하지?"

"제가 지난번에 달려갈 때 앞에 가던 친구가 갑자기 멈추는 바람에 하마터면 그 친구랑 부딪힐 뻔 했어요. 저는 아무 잘못 없었어요."

"그래? 그럼 주하는 앞에 가는 사람이 잘못했다는 거네? 그럼 이번에는 준혁이가 말해 보렴."

이번에는 준혁이가 말했다.

"아빠, 저는 뒤에 가는 사람이 잘못했다고 생각해요."

아빠가 다시 물었다.

"그래? 거 참 좋은 생각이구나. 그런데 왜 그렇지?"

준혁이가 말했다.

"앞에 가는 사람이 멈추면 뒤에 가는 사람도 멈춰야 하는데 그렇지 않아서 다쳤잖아요."

"그래. 그렇구나. 어머니는 어떻게 생각하세요?"

할머니가 말했다.

"내 생각에는 뒤에 가는 사람이 잘못인 것 같은데."

아빠가 할머니께 여쭈었다.

"왜 그렇게 생각하셨어요?"

할머니가 말했다.

"막대기를 조심해서 들고 갔어야지."

아빠가 대답했다.

"네."

주하가 다시 손을 들었다.

"아빠, 저 바꿀래요. 뒤에 가는 사람이 잘못했어요."

"그래? 왜 그렇게 생각하는데?"

주하가 말했다.

"막대기를 꼭 가로로 가져가야 되나요? 세로로 세워서 들고 가면 되잖아요."

아빠가 말했다.

"오호. 좋은 생각이구나."

그런데 잠시 후 다시 대답을 수정했다.

"아빠, 둘 다 잘못인 것 같아요."

아빠가 주하에게 말했다.

"주하야, 뭔가 자기 생각을 하나로 했으면 그대로 쭉 밀고 나가야 되지 않겠니?"

주하가 말했다.

"아이 참. 헷갈리네."

아내가 말했다.

"여보, 난 뒤에 가는 사람이 잘못됐다고 봐요. 안전거리 미확보."

"앗! 당신, 눈치 챘구먼."

아빠가 말을 이었다.

"자. 그럼 이번에는 앞의 두 사람이 물동이를 들고 가고 있고 제일 뒤에 막대기를 들고 가는 한 사람이 있었어. 제일 앞에 가던 사람이 갑자기 멈추는 바람에 마지막 사람의 막대기가 앞사람의 물동이를 치고 도미노처럼 진행되어 제일 앞에 있는 사람의 물동이가 깨져버렸다면 그때는 누가 잘못했을까?"

아내가 대답했다.

"그때도 제일 뒤에 사람이 잘못된 거죠. 순서대로 뒷사람이 잘못한 거죠. 만약에 물동이가 세 개 다 깨졌다면 두 번째 물동이 든 사람이 제일 앞에 사람을, 세 번째 물동이 든 사람이 두 번째 물동이 든 사람을, 그리고 막대기를 든 사람이 세 번째 사람을 물어줘야지요."

아빠가 또 말했다.

"오호. 만약에 이게 둘 다 자동차라면 어떨까? 보통은 뒷차의 잘못으로 본단다. 그럼 이번에는 지하철에서 줄을 서는데 제일 뒤에 사람이 술에 취해 앞사람을 밀었는데 제일 앞에 서 있던 사람이 선로에 떨어져서 전철에 치여 죽었다면 이때는 어떨까?"

아내가 말했다.

"여보, 그 술 취한 사람 잘못이죠. 꼭 술 취한 사람은 좀 봐줄려는 경향이 있는데 그건 안 된다고 봐요. 제일 뒤의 술 취한 사람이 잘못이에요."

주하가 말했다.

"맞아요. 아빠."

"자. 이번엔 이런 일이 있었어요. 횡단보도에 서 있는데 어떤 사람이 제일 뒤에서 자전거를 멈추려다 그만 밀어서 제일 앞에 사람을 차도로 들어가게 해, 차에 치여 죽게 만들었어요. 그때는 누가 책임이 있을까요?"

주하가 대답했다.

"그때도 제일 뒤의 자전거예요."

할머니가 말씀하셨다.

"그러니까 횡단보도에서는 너무 앞쪽으로 가 있으면 안 되고 한 발 물러서 있어야 한단다. 뒤에서 누가 잘못해서 밀 수도 있잖니?"

아빠가 또 이야기했다.

"이런 일도 있어요. 횡단보도에서 빨간 신호등인데 어떤 학생이 장난으로 앞으로 나가는 척 하다가 물러섰는데 그 옆에 있던 사람이 나가버렸어요. 그대로 차에 치여 죽었지. 그때는 누가 잘못했을까?"

할머니가 말씀하셨다.

"그래서 신호등을 잘 보고 건너야 한단다."

주하가 말했다.

"아빠, 그 학생이 큰 잘못이지만 못 보고 건너간 사람도 책임이 있겠죠."

"자. 이런 일도 있어요. 아까는 학생의 장난이었지만 이번에는 빨간 신호등인데 바쁜 나머지 어떤 사람이 휙 건너갔어. 그걸 보고 옆 사람이 무심코 나가서 차에 치여 죽었을 때는 어떤 사람이 잘못일까?"

주하가 대답했다.

"아빠, 주의를 기울이지 못한 그 사람이 잘못이지요. 지난번에 제가 5초 남겨 놓고 휙 달려가서 무사히 건넌 적이 있어요. 휴우"

아빠가 말했다.

"그럴 때는 오히려 달리지 말고 다음 신호를 기다려야지."

주하가 말했다.

"아빠 그런데 원래는 10초 이하로 남았을 때는 건너면 안 된대요."

"그래그래, 잘 말했다. 뛰지 말고 다음 신호를 기다리는 게 훨씬 낫겠구나."

황소의 피해 보상 문제

• 탈무드 본문

황소가 피해를 입힐 수 있는 부위는 이빨과 발과 뿔이다. 이것은 각각 본능적인 행위와 비의도적인 행위, 상습적 행위로 나뉜다. 세 가지 행위에 따라 피해보상과 처벌도 달라져야 한다.

• 자녀와의 대화

오늘은 거실에서 아이들이 놀고 있을 때 슬며시 끼어들어 하브루타를 시작했다.

"주하야, 준혁아, 잘 들어봐."

아빠가 이야기를 시작했다.

"어떤 황소가 잘못해서 피해를 입힌다면 황소의 어느 부위로 피해를 입힐 수 있을까."

주하가 대답했다.

"아빠, 뿔로 피해를 입힐 수 있어요. 받아버릴 수 있잖아요."

"응, 그래 좋아. 또 어떤 부위일까. 가령 남의 밭에 들어갔다고 해

볼까."

주하가 또 말했다.

"아빠, 발로 피해를 입힐 수 있을 것 같아요."

"그래, 또?"

주하가 다시 대답했다.

"그리고 이빨로도 피해를 입힐 수 있어요."

"이빨로 어떻게 피해를 입히지?"

주하가 대답했다.

"음…. 배추나 상추를 다 먹어버릴 수 있잖아요."

"그렇구나. 잘 말했다. 준혁이의 생각은 어때? 어느 부위로 피해를 입힐 수 있을까."

이번에는 준혁이가 대답했다.

"음…. 꼬리요."

"꼬리? 어떻게?"

준혁이가 말했다.

"꼬리로 때릴 수 있잖아요."

"그리고 또?"

"그리고 똥을 싸면 피해를 입힐 수 있어요."

주하가 끼어들었다.

"준혁아, 넌 만날 똥이냐. 답이?"

아빠가 말했다.

"주하야, 똥도 진짜 피해를 입힐 수가 있잖니. 일단 지저분한 똥을 쌌으니 치워야 하고 또 냄새도 나고…. 그렇지 준혁아."

준혁이가 대답했다.

"네."

아빠가 이번에는 주하에게 물었다.

"주하야, 이렇게 황소가 뿔과 이빨과 발로 피해를 입히는 것은 각각 상징적인 의미가 있단다. 먼저 이빨 같은 경우 배가 고파서 배추와 상추를 뜯어 먹었지?"

주하가 대답했다.

"네. 그런 경우는 그 주인이 밥을 안 줘서 뜯어 먹었으니까 그 주인이 책임이 있을 것 같아요. 만약에 밥을 줬다면 그런 일이 안 생기잖아요."

"그래, 맞다. 이것은 배고픈 상태에서 배를 채우기 위해 피해를 입힌 경우란다. 이런 경우에는 그 주인이 소가 먹은 배추나 상추를 모두 보상해줘야지."

아빠가 다시 물었다.

"두 번째 발로 한 경우는 어떤 경우일까."

주하가 대답했다.

"아빠, 길을 가다가 화분 같은 거 깨뜨리는 거예요. 그리고 발로 배추나 상추를 밟을 수 있잖아요."

아빠가 맞장구치며 말했다.

"그래, 맞아. 그런 경우에도 주인이 모두 배상해줘야 한단다. 그럼 뿔의 경우는 어떻게 다를까? 뿔은 이빨이나 발과 어떤 차이가 있을까."

주하가 대답했다.

"아빠, 화날 때 뿔로 받아버리잖아요."

아빠가 말했다.

"그래 어떤 꼬마가 가령 놀려먹었을 때, 화가 난 소가 뿔로 받는 경우가 있겠지?"

주하가 대답했다.

"네."

"이렇게 의도적인 경우는 더 심하게 처벌을 해야 한단다. 특히 상습범인 경우에는 더 배상을 크게 한단다."

주하가 궁금해서 물었다.

"아빠, 상습범이 뭐예요?"

"음. 상습범이란 의도적으로 세 번 이상 계속하는 것을 뜻한단다. 가령 남의 땅에서 일어난 경우 이빨이나 발 그리고 뿔이 모두 피해의 전부를 배상해줘야 한다고 말했지. 반면 공공장소일 경우 이빨이나 발로 피해를 입힌 경우 배상을 안 해줘도 된단다."

주하가 물었다.

"왜요?"

"공공장소이기 때문이지."

주하가 문제를 제기했다.

"근데 그럴 경우에도 배상을 해줘야 할 것 같아요. 아빠."

"공공장소인 경우 누구의 소유가 아니기 때문에 배상을 안 한다. 그런데 뿔의 경우는 다르단다. 왜냐하면 뿔은 의도적인 상해나 피해를 입혔기 때문에 공공장소에서 세 번 이상 상습적으로 피해를 입힌 경우 모두 배상해줘야 한단다."

아빠가 다시 물었다.

"그런데 상습범이 아닌 경우 가령 두 번째라면 절반을 배상하는데 왜 그런지 아니?"

주하가 대답했다.

"잘 모르겠어요."

"소의 주인의 입장에서 한번 생각해 보렴."

주하가 대답했다.

"소가 그럴 줄 몰랐는데 그렇게 했으니까 좀 방심했을 것 같아요."

아빠가 말했다.

"그래, 맞아. 소의 주인의 입장에서는 좀 억울하겠지. 그래서 절반만 배상한다."

"네."

아빠가 말을 이었다.

"그리고 발의 경우 돌을 밟았는데 우연찮게 돌이 튕겨져 나가 맞을 수가 있는데 그런 경우는 남의 땅이라도 절반만 배상하는데 왜 그럴까."

주하가 대답했다.

"아빠, 자기도 모르게 그래서 그렇지 않을까요? 일부러 그런 게 아니잖아요."

"그래, 맞다. 이런 경우도 소의 주인의 입장에서 보면 억울하기 때문에 절반만 배상한다."

주하가 말했다.

"아빠, 저는 그런 경우 삼분의 일로 하고 싶어요."

아빠가 물었다.

"왜 그렇게 생각해?"

"소의 입장에서 보면 일부러 한 것도 아니고 소 주인의 입장에서 보면 주의시킬 겨를이 없었잖아요."

아빠가 맞장구 쳤다.

"그래그래, 주하 말도 일리가 있구나."

상해의 피해 보상 문제

• 탈무드 본문

어떤 구덩이가 있었다. 이 구덩이를 두 사람이 차례로 팠다. 그 구덩이의 깊이는 열 뼘 정도 되었다. 먼저 사람이 땅에 아홉 뼘 깊이로 구덩이를 파고 나중 사람이 이어서 구덩이를 한 뼘을 더 파서 열 뼘 깊이의 구덩이로 만들었다.

그런데 이때 이웃의 짐승이 파 놓은 열 뼘 깊이의 구덩이에 빠져서 죽었다면 누가 배상해야 할까.

• 자녀와의 대화

"주하야, 준혁아, 아빠랑 하브루타 하자."

아이들이 일제히 소리쳤다.

"올레!"

아빠가 이야기를 시작했다.

"오늘은 무슨 이야기를 해볼까? 잘 들어봐. 어떤 사람이 구덩이를 팠는데 아홉 뼘 깊이의 구덩이를 팠어. 다른 사람이 와서 한 뼘을 더 파서 지나가던 사람이 구덩이에 빠져 죽었다면 누구 책임이 클까?"

주하가 대답했다.

"아빠, 아홉 뼘이 얼마나 되요?"

그러고 보니, '아홉 뼘'의 길이를 설명해주지 않았다는 생각이 든다.

"한번 해볼까. 한 뼘, 두 뼘, 세 뼘, 네 뼘…. 오우 굉장히 깊네. 어른 키 높이 만한 걸. 그런데 아홉 뼘 정도 되면 사람이 빠졌을 때 다칠 수가 있고 열 뼘 정도 되면 사람이 빠져 죽을 수도 있대. 준혁아, 여기에 사람이 빠져 죽으면 누구 책임이 클까?"

준혁이가 대답했다.

"아빠, 한 뼘을 더 판 사람이 책임이 클 것 같아요."

"그래 좋은 생각이로구나. 그런데 왜 그렇게 생각하는데?"

"열 뼘을 파야 죽으니까요."

"그럼 아홉 뼘 파놓은 사람은 아무 책임이 없을까?"

준혁이가 대답했다.

"아빠, 그 사람이 다쳤다면 몰라도 죽었잖아요."

"그래 좋은 생각이구나. 주하는 어떻게 생각해? 사람이 죽었다면 누구의 책임이 더 클까?"

주하가 대답했다.

"네. 아빠 저도 준혁이랑 똑같아요. 한 뼘 더 판 사람이 책임이 있어요."

아빠가 다시 물었다.

"그럼 아홉 뼘을 판 사람은 더 많이 파고 한 뼘 판 사람은 겨우 한 뼘밖에 안 팠는데 왜 더 책임이 있을까?"

주하가 대답했다.

"아빠, 열 뼘을 파면 사람이 죽을 수도 있다는 것을 알면서도 팠으면 잘못이에요."

"그래, 어떤 치명적인 상태에 빠뜨릴 수 있는 것은 한 뼘의 차이라도 그게 가장 큰 원인이 될 수 있었을 것 같구나."

아빠가 주하에게 다시 물었다.

"그럼 만약에 주하가 길을 가고 있는데 이렇게 큰 구덩이가 있으면 어떻게 하는 게 좋겠니?"

주하가 대답했다.

"아빠, 도로에 주의 표지판이 있잖아요. 꼬깔콘 모양이나 사각형 모양, 그리고 기다랗게 세워놓고 '공사 중'이라고 써놓으면 되잖아요."

아빠가 대답했다.

"좋은 생각이다. 준혁이는 이렇게 길을 가고 있는데 커다란 구멍이 있으면 어떻게 하면 좋을까? 준혁이는 그것을 보고 피할 수 있지만 미처 보지 못한 사람들은 빠져서 크게 다칠 수가 있잖아?"

준혁이가 대답했다.

"아빠, 저는 큰 거인을 불러와서 그 구멍을 다 메워버리겠어요."

아빠가 다시 물었다.

"그래 그런데 그런 큰 거인이 없다면 어떻게 하는 게 좋을까?"

"그럼 아빠 저는 그 구덩이의 구멍을 막아버리고 야광색으로 칠을 해놓을 거예요. 그럼 저녁에도 보이잖아요."

아빠가 칭찬했다.

"그래, 정말 좋은 생각이구나. 주하야 이렇게 길을 가다가 위험에 처하는 경우는 이것 말고도 또 뭐가 있을까?"

이번에는 주하가 대답했다.

"아빠, 길을 가다가 강도를 만난다거나 광견병 걸린 개를 만나는 거 예요."

"그래? 그럼 그때는 어떻게 하면 좋을까?"

주하가 대답했다.

"나무 위로 도망가야죠. 아니면 기도를 하겠어요."

"그래? 그런 갑작스러운 상황에서 기도만 하고 있으면 현명할까? 기도라는 것은 정말 어려운 상황이나 불가능한 상황 속에서 하나님께 구하는 것이지만 내가 도망쳐서 빠져나갈 수 있는데 기도하고 있는 것이 옳으냐는 거야. 어때?"

주하가 대답했다.

"아빠, 그런데 그 광견병 걸린 개가 저보다 더 빨라서 저를 덮칠 수 있잖아요. 그래서 기도를 해야죠."

"그럼 이렇게 하면 되겠구나. 최대한 빨리 도망치면서 마음속으로 기도하는 것은 어때?"

주하가 대답했다.

"네. 아빠. 그게 좋겠네요."

"준혁아, 너는 길을 가다가 어떤 상황에 처할 수 있을까?"

준혁이가 엉뚱한 대답을 했다.

"아빠, 똥이요. 똥이 나타났어요."

"하하하! 그래, 똥도 위험할 수 있겠구나. 왜냐하면 밟으면 큰일 나니까 그렇지?"

"네."

아빠가 말했다.

"어쨌든 길을 가다가 그런 위험한 상황에 놓인다면 내가 피하는 것도 중요하지만 다른 사람들을 위해 피할 방법도 마련해 놓는 것도 좋겠구나."

"네. 아빠."

02

어떤 길이 옳은 길인가?

협상의 기술

• **탈무드 본문**

두 형제가 더 큰 파이를 먹기 위해 칼을 들고 서로 먼저 자르겠다고 싸우고 있었다. 형이 칼로 자기 몫을 크게 자르려고 하는 순간 아버지가 그 모습을 보았다.

"잠깐. 아버지 말을 들어봐라. 누가 잘라도 괜찮지만 한 사람이 자르면 나머지 사람이 먼저 집는 것으로 하자."

이 말을 들은 형은 파이를 정확하게 반으로 잘랐다.

• 자녀와의 대화

하브루타에 재미가 붙은 아이들은 아빠가 들려주는 이야기가 항상 재밌기만 하다. 두 아이가 질문에 대답하기 위해 서로 경쟁하려고 하는 마음도 읽을 수 있다. 좋은 대답을 하려고 서로 노력하는 모습이 보기에 흐뭇하다. 사고력이 자라는 모습도 보이고, 세상을 살아가는 지혜가 쌓여가는 모습도 보이기 때문이다. 오늘은 형제들 간의 다툼을 놓고 지혜를 나누어 보았다.

"잘 들어봐. 어느 날 두 형제가 남아 있는 파이를 서로 나눠 먹는 것 때문에 심하게 싸우고 있었어. 두 형제가 모두 더 큰 파이 쪽을 갖고 싶어 했기 때문에 누가 더 큰 것을 먹을지를 두고 옥신각신 싸우고 있었지. 형이 파이를 자르려고 칼을 올려놓는 순간 아버지가 들어오셨어. 아버지는 두 형제의 싸움을 말리기 위해 아버지가 지혜로운 말을 꺼냈어. '잠깐만, 파이를 자르기 전에 아빠 말을 들어봐. 누가 먼저 파이를 자르든지 그것은 상관없다. 하지만 한 사람이 파이를 자르면 다른 사람은 두 조각 중 하나를 먼저 고르기로 하자'라고 말했지."

주하는 무슨 뜻인지 알겠다는 듯 고개를 끄덕였다.

"아버지의 말을 듣자 형제는 자신의 파이를 더 빼앗기지 않기 위해 마지못해 파이를 정확하게 두 조각으로 잘랐다고 해. 재밌는 일이 벌어졌지?"

아빠가 먼저 물어보았다.

"자, 그럼 아빠가 질문 하나 할게. 준혁아, 먼저 파이를 왜 두 조각으로 잘라야 하지?"

"네. 나눠 먹기 위해서 잘라요."

아빠가 이번에는 주하에게 물었다.

"그럼 이번에는 주하에게 물어볼게. 아빠가 파이를 자르는 사람과 파이를 고르는 사람을 다르게 하자고 한 이유는 무엇일까?"

주하가 대답했다.

"네. 그렇게 하면 고르는 사람이 더 많이 가져갈까봐 자르는 사람이 정확하게 자를 수 있어요."

"아이고. 우리 주하는 대답도 정말 잘하네. 그럼 준혁이. 만약 칼을 가진 형이 파이 크기를 다르게 자르면 어떻게 되죠?"

"고르는 사람이 큰 거 먹어요."

"잘 대답했어요. 우리 주하와 준혁이 어떤 음식을 먹을 때, 싸우기도 하지? 그런데 이처럼 역할을 나눠서 다른 사람이 선택하게 하면 공평해지겠지. 너희들도 그러니까 먹는 음식이나 물건을 가지고 싸우지 말고 공평하게 나눠 갖기로 하자."

아이들이 대답했다.

"네. 아빠."

여기서 더 이상 심화질문으로 발전시키지 못해 아쉬움이 남았다. 다음과 같은 심화질문으로 발전시킬 수 있다. 만약에 더 진행할 수 있다면 아이들과 나눠보자.

1) 쌍방이 만족하기 위해서는 어떤 기술이 필요한가?

2) 협상을 잘 하려면 어떻게 하는 것이 좋을까?

가정의 평화

• 탈무드 본문

랍비 메이어는 설교를 잘하기로 유명했다. 그는 매주 금요일 밤이면 회당에서 어김없이 설교를 했는데, 수백 명이 한꺼번에 몰려들어 그의 설교를 들었다.

그들 가운데 메이어의 설교를 매우 좋아하는 여자가 있었다. 다른 여자들은 금요일 밤이면 집에서 안식일 절기에 먹을 음식을 만드느라 바쁜데, 그 여자만은 이 랍비의 설교를 들으러 회당에 나왔다.

메이어는 긴 시간 설교를 했다. 그 여인은 설교를 듣고 만족한 마음으로 집으로 돌아왔다. 그런데 남편이 그녀를 기다리고 있다가 내일이 안식일인데 음식은 장만하지 않고 어디를 쏘다니냐고 버럭 화를 냈다.

"도대체 어디에 갔다 오는 거요?"

"회당에서 메이어 랍비님의 설교를 듣고 오는 길이에요."

그러자 남편은 더욱 화를 내며 소리쳤다.

"그 랍비의 얼굴에다 침을 뱉고 오기 전에는 절대로 집에 들어올 생각은 하지 마."

집에서 쫓겨난 아내는 하는 수 없이 친구 집에서 머물며 남편과 별거했다. 이 소문을 들은 메이어는 자신의 설교가 너무 길어서 한 가정의 평화를 깨뜨렸다고 몹시 후회했다. 그러고는 그 여인을 불러 눈이 몹시 아프다고 호소하면서 이렇게 간청했다.

"남의 침으로 씻으면 낫게 된다는데, 당신이 좀 씻어 주시오."

그리하여 여인은 랍비의 눈에다 침을 뱉게 되었다. 제자들은 랍비에게 물었다.

"선생님께선 덕망이 높으신데, 어찌하여 여자가 얼굴에 침을 뱉도록 허락하셨습니까?"

그러자 랍비는 이렇게 대답했다.

"가정의 평화를 되찾기 위해서는 그보다 더한 일이라도 할 수 있다네."

• 자녀와의 대화

저녁 식사를 마치고 아이들을 다시 거실로 불렀다. 이내 준혁이는 아빠의 무릎에 앉았다. 아빠는 이 시간이 가장 행복하다. 아빠가 말을 꺼냈다.

"오늘은 어떤 이야기를 해볼까. 아빠 이야기를 잘 들어봐. 어느 날 랍비의 설교가 너무나 재밌고 즐거운 나머지 많은 사람들이 밤이 늦도록 듣고 있었어. 그중에는 랍비의 설교를 매우 좋아하는 여자가 있었어. 그런데 안식일을 준비하는 밤에도 집에 있지 않고 그 여자만은 설교를 들으러 회당에 나왔던 거야. 설교의 시간이 길어졌지만 그 여자는 만족한 마음으로 집에 돌아왔어. 그녀를 한참이나 기다리고 있던 남편은 아내에게 자초지종을 물었어. 남편과 아이들의 저녁을 준비하지 않고 어디를 그렇게 쏘다니냐며 버럭 화를 냈지."

아이들이 묘한 긴장감을 느끼는 듯했다.

"'대체 어디에 갔다 이제야 오는 것이오?', '회당에서 랍비의 설교를 듣고 오는 길이에요'. 그 남편은 더욱 화를 내며 소리쳤어. '그 랍비의 얼굴에 침을 뱉지 않는 한 절대로 이 집에 들어오지 마시오!'. 집에서 쫓겨난 아내는 하는 수 없이 친구 집에서 머물며 남편과 별거를 하게 되었어."

아빠가 물었다.

"주하야 준혁아, 이렇게 가정에 신경을 쓰지 않으면서까지 설교에 참석하는 것에 대해 어떻게 생각하니? 준혁이가 먼저 말해봐."

준혁이가 말했다.

"네. 아빠 집에 가서 밥을 해줘야 해요."

"그래? 왜 그렇게 생각하니?"

"식구가 모두 죽게 되잖아요."

"하하하. 그렇구나. 주하는 어떻게 생각하니? 이 여자의 행동이 옳다고 생각해?"

주하가 대답했다.

"아빠, 괜찮다고 생각해요."

"그래? 왜 그렇게 생각하는데?"

주하가 대답했다.

"아빠도 집의 가장이니 아이들의 밥을 챙겨줘야죠. 꼭 엄마가 밥을 챙겨줘야만 하나요?"

"하하하! 그래, 그 말도 맞구나. 요즘 같은 세상에는 아빠도 가정에 책임이 있으니 아이들의 밥을 아빠가 해줘야겠네?"

"네. 아빠."

아빠가 말을 이었다.

"그래그래, 어쨌든 이 이야기 속에서는 이 일로 서로 헤어져서 남편과 아내가 따로 살게 되었구나. 준혁이는 이 점에 대해서 어떻게 생각해?"

준혁이가 말했다.

"아빠 슬퍼요."

"그럼 어떻게 하면 좋겠니? 우리 준혁이."

"친하게 지내야 돼요, 아빠."

이번에는 주하에게 물었다.

"그럼 수하는 어떻게 생각하는데?"

"서로 화해해야 될 것 같아요."

"그래, 좋은 생각이다. 오늘 아빠랑 엄마랑 싸웠지. 엄마랑 아빠랑 싸울 때 준혁이 기분이 어땠어?"

"아빠, 너무 슬펐어요."

이번에는 주하에게 물었다.

"주하야, 아빠랑 엄마랑 싸울 때는 어떻게 하면 화해를 잘할 수 있을까?"

"아빠, 제가 아까 엄마에게 편지 썼어요. 우리들 때문에 싸우게 됐으니 이제 싸우지 마시라고요."

"음…. 그랬구나. 그래서 엄마가 확 풀어졌구나. 고맙다. 주하야."

아빠는 왠지 마음이 짠했다. 아빠는 다시 이야기를 시작했다.

"그 소문을 들은 랍비는 자신의 설교가 너무 길어서 한 가정의 평화를 깨뜨렸다고 몹시 자책했단다. 그리고 그 여자를 불러 눈이 몹시 아프다고 하면서 이렇게 부탁했단다."

"남의 침으로 씻으면 눈병이 낫는다는데 당신이 나를 도와주시오."

"결국 그 여자가 랍비의 눈에다 침을 뱉게 되었단다. 그러자 그의 제자들은 '어찌하여 여자가 선생님의 얼굴에 침을 뱉도록 허락하십니까'라고 되물었어. 그러자 랍비는 이렇게 말했어. '가정의 평화를 찾기 위해서는 그보다 더한 일도 할 수 있다네'. 결국 여기서 랍비가 가장 소중하게 생각한 것은 무엇이지? 주하가 말해봐."

"가정의 평화요."

"그래 잘 말했다. 주하야, 가장 소중한 것이 가정의 평화구나. 그래서 화가 나더라도 누그러뜨릴 수 있는 사람이 되어야 한다."

아빠가 다시 이야기했다.

"이 세상에 네 종류의 화내는 사람이 있단다. 잘 들어봐. 첫 번째는 쉽게 화를 내지만 쉽게 누그러뜨리는 사람이 있단다. 두 번째는 쉽게 화를 내지만 오래도록 누그러뜨리지 못하는 사람이 있단다. 세 번째는 쉽게 화를 내지 않지만 화가 나더라도 쉽게 누그러뜨리는 사람이 있단다. 마지막 네 번째는 쉽게 화를 내지 않지만 한 번 내면 오래도록 누그러뜨리지 못하는 사람이 있단다. 자, 이 네 종류의 사람 중에 제일 나쁜 경우와 제일 좋은 경우가 무엇일까?"

주하가 대답했다.

"아빠, 두 번째가 제일 안 좋고 세 번째가 제일 좋은 것 같아요."

"그래? 왜 그렇게 생각하는데?"

주하가 대답했다.

"두 번째는 일 년 내내 화내는 사람이고요, 세 번째는 오 년 정도에 한 번 화내는 사람이에요."

"그렇구나. 맞다. 여기서 두 번째는 악인에 해당되고 세 번째는 성자에 해당된단다. 아빠는 어디에 속하는 것 같아?"

주하가 대답했다.

"아빠는요…. 네 번째요."

아빠가 크게 웃었다.

"하하하. 그래? 그럼 주하는?"

주하가 대답했다.

"저는요, 첫 번째예요. 쉽게 화를 내지만 쉽게 풀어져요."

"그럼, 준혁이는?"

"준혁이도 첫 번째예요. 우리 둘은 쉽게 화도 내지만 쉽게 풀어져요."

아빠가 말했다.

"그래. 우리 이제는 쉽게 화를 내지 않고 또 설령 화가 난다하더라도 쉽게 풀어지는 사람이 되도록 노력하자꾸나."

"네. 아빠."

중용의 의미

• 탈무드 본문

군대가 행진을 하고 있었다. 길의 오른쪽은 눈이 내려 얼음이 얼어 있었다. 그리고 길의 왼쪽은 불바다였다. 이 군대가 길의 오른쪽으로 가면 얼어 죽고, 길의 왼쪽으로 가면 불에 타 죽는다. 하지만 가운데 길은 따뜻함과 시원함이 적당히 조화된 길이었다.

• 자녀와의 대화

오늘은 주하가 왜 하브루타 안 하냐고 먼저 물어본다. 아빠는 얼른 탈무드 책을 찾아 읽고 주제를 정해서 아이들을 불렀다. 그런데 문제가 생겼다. 주하는 식탁으로 왔는데 준혁이가 저쪽에서 자동차를 가지고 놀기에 바빴다.

아빠가 준혁이를 불렀다.

"준혁아, 아빠랑 하브루타 하자."

준혁이가 퉁명스레 말했다.

"싫어."

아빠가 말했다.

"그래. 우리 준혁이는 장난감 로봇이 좋은가 보구나. 그런데 아빠 지금 '군인' 그림 그리려고 하는데. 군인들은 싸울 때 엄청 용감하단 말이지."

준혁이가 갑자기 호기심이 생겼는지 쭈뼛쭈뼛하면서 식탁에 앉았다. 아빠가 그림을 그려가면서 이야기를 꺼냈다.

"여기에 군인들이 행진하고 있었어."

주하가 물었다.

"그런데 왜 세 사람이에요?"

아빠가 대답했다.

"더 많다고 생각해. 그리고 이쪽 왼쪽에는 뜨거운 불구덩이가 있고 오른쪽에는 눈이 내려 차가운 얼음덩이가 있지. 왼쪽으로 가면 뜨거워서 타 죽고, 오른쪽으로 가면 추워서 얼어 죽어버리지. 그러면 어디로 가야 될까? 준혁이부터 말해봐."

준혁이가 말했다.

"그러면 그쪽으로 안 가고 뒤로 가면 되죠."

"그래. 아예 위험한 쪽은 쳐다보지 않으면 되겠네. 그런데 만약 이 길로 갈 수밖에 없다면 어떻게 해야지?"

"그러면 물로 불을 꺼버리고 망치로 얼음을 깨버리면 되죠."

아빠가 대답했다.

"그래. 그렇게 하면 되겠네. 그런데 그 불은 너무 뜨거워서 가까이 갈 수조차 없고 그 물은 너무 차가워서 가까이 가면 동상에 걸려버려. 주하는 어떻게 하면 좋을까?"

"그 가운데로 가면 되죠."

아빠가 말했다.

"오호, 좋은 생각이구나."

"그리고 좋은 생각이 있어요. 긴 막대기에 불을 붙여서 얼음 쪽으로 가져가면 얼음이 녹을 수 있어요. 그리고 또 얼음을 가져다가 불을 끌수도 있죠."

아빠가 깜짝 놀란 표정을 지었다. 주하가 세 가지 아이디어를 한 번에 제시했기 때문이다. 불로 얼음을 녹이고 얼음으로 불을 끈다는 제안이다.

"와! 너무 좋은데. 그런데 이 군인들은 가운데로 행진했다고 하는구나. 여기 보면 군인들이라고 했는데 왜 하필 군인들일까? 다른 사람들일 수도 있잖아?"

그때 아내가 대답했다.

"군인들은 리더가 잘못 인도하면 나머지 병사들이 다 죽게 되니까 그러지 않을까요? 모든 병사들이 잘못하면 한꺼번에 다 죽을 수 있잖아요."

"오, 그거 좋네. 그래서 리더가 한쪽으로 치우치면 안 되겠네. 그럼 가운데로 가면 어떤 장점이 있을까?"

주하가 대답했다.

"안 죽잖아요."

"그래. 왼쪽은 너무 뜨거운 반면 가운데는 어떨까?"

"따뜻하겠죠."

"그래 맞아. 그리고 이쪽은 너무 차가운 반면 가운데는 어떨까?"

아내가 대답했다.

"거기는 시원하겠죠."

"그래요, 이 가운데의 장점은 따뜻함과 시원함이 동시에 있다는 것이에요. 그러니 죽지 않겠지요. 그런데 이런 상황이 우리 삶 속에는 어떤 일이 있을까요?"

주하가 말했다.

"엄마하고 아빠요. 가운데는 준혁이."

아내가 웃으면서 말했다.

"호호. 그래 맞아 그럴 수 있겠네."

아빠도 거들었다.

"그래 너무 엄마만 사랑해도 안 되고 너무 아빠만 사랑해도 안 되겠네. 조절을 잘 해야겠다. 그렇지?"

"그리고 또 어떤 경우가 있을까?"

모든 식구들이 생각에 잠겨 잠시 동안 정적이 흘렀다. 아빠가 침묵을 깼다.

"이런 것은 어때요? 엄마가 일하시는 치과에서 너무 원장님 편에 치우친다든가 너무 직원들 편에 치우치면 안 되겠지. 가령 너무 원장님 편에 치우쳐서 직원들한테 신경을 안 써도 문제가 생기고 또 너무 직원들 편에 서서 복지만 신경 쓰면 그 병원은 망하겠지."

아내가 거들었다.

"그래요. 그 큰 자동차회사의 노조들이 임금협상을 위해 극단적으로 자살을 하거나 그런 일이 있어요. 예전처럼 노동 환경이 나쁜 것도 아니고 좀 자제해야 돼요. 그렇다고 회사 편만 드는 것도 안 좋으니 서로 절충해서 살아야죠."

아빠가 말했다.

"그럼 이런 것은 어때요? 보수와 진보의 극단으로 가는 것은?"

주하가 물었다.

"보수와 진보가 뭐예요?"

아빠가 아내에게 설명 좀 해보라고 눈짓한다.

"보수는 옛것을 고집하는 것이고 진보는 새것만을 추구하는 것이야."

주하가 말했다.

"그럼 보수는 과거를 고집하고 진보는 미래를 추구하는 것이네요."

아빠가 말했다.

"그래, 맞아. 그런데 적절하게 조화를 이루어야 하는데 너무 한쪽으로 치우치면 문제가 있지."

아내가 거들었다.

"미국의 문제도 마찬가지야. 우리가 전쟁을 치르면서 분명히 미국의 도움을 받았지만 자본주의 진영과 공산주의 진영이 싸우는 바람에 '이산가족'이라는 큰 아픔도 생겼잖니."

아빠가 말했다.

"그래 정치에서도 그래서 왼쪽에 있는 것을 '좌파'라고 하고 오른쪽에 있는 것을 '우파'라고 한단다. 그러면 중간에 있는 것을 뭐라고 할까?"

주하가 대답했다.

"중파요."

딸아이가 '중파'라고 하는 바람에 모두 한바탕 웃었다. 아빠가 말했다.

"그러니까 중간에 있기는 한데, 왼쪽의 성향이면 '중도좌파'라고 하고 오른쪽의 성향이면 '중도우파'라고 한단다. 그런데 왜 사람들이 '중도'라는 말을 써서 자기의 정당을 표현할까?"

주하가 대답했다.

"그거야 중간이라고 말하면 왠지 치우치지 않고 사람들한테 인기를 끌 것 같아요."

아내가 말했다.

"그래야 사람들에게 많은 표를 얻을 수 있기 때문이겠죠."

아빠가 말했다.

"그래 잘 말했어요. 정치에서도 좌우로 치우치지 않고 조화롭게 해야 하는 것처럼 사람과의 관계에서도 어느 편에 치우치지 않고 조화롭게 살아야 해요. 알겠지, 주하야."

주하가 말했다.

"네. 아빠."

인스턴트 식품

● 탈무드 본문

어미의 젖으로 고기를 삶지 말라는 말이 있다. 여기에는 생명존중사상이 반영돼 있다.

● 자녀와의 대화

오늘은 아이들에게 인스턴트 음식에 대해 생각해볼 수 있는 소재를 하브루타로 다루었다. 먼저 아빠가 물었다.

"주하야, '어미의 젖으로 송아지 고기를 삶지 말라'는 말이 무슨 뜻일까?"

"아빠, 잘 모르겠어요."

"그래그래, 그럼 잘 생각해봐. 송아지와 엄마의 젖은 어떤 관계가 있을까?"

주하가 대답했다.

"아빠, 송아지가 엄마의 젖을 먹고 살잖아요."

"그래 맞아. 그럼 송아지에게 엄마의 젖은 어떤 의미가 있을까?"

주하가 대답했다.

"배고픈 송아지에게는 엄마 젖이 꼭 필요해요."

"그래, 엄마의 젖은 송아지를 기르는 데 꼭 필요한 것이겠지?"

주하가 대답했다.

"네. 아빠."

아빠가 또 물었다.

"그런데 그렇게 자기 새끼를 살리는 그런 엄마 젖으로 '새끼 고기를 삶아버린다'는 뜻은 어떤 뜻이지?"

주하가 무섭다는 듯이 말했다.

"아빠, 잔인해요."

아빠가 말했다.

"그래 맞아. 그런 게 가장 잔인한 거예요. 가령 나치 독일의 히틀러가 유태인들을 학살했을 때 어떤 경우는 엄마에게 자식을 죽이라고까지 명령했대요. 엄마가 자식을 죽일 수 있을까?"

주하가 물었다.

"아빠, 그럴 수 있어요?"

그때 아내가 거들었다.

"에구. 엄마 앞에서 자식이 죽는 모습을 보는 것도 견디기 힘든 일인데 어떻게 엄마가 자식을 죽일 수 있겠어요?"

아빠가 말했다.

"그럴 수 없지. 그처럼 잔인한 일은 없을 거야. 만약에 그렇게 엄마에게 자식을 죽이라고 한다면 그 엄마는 차라리 자기가 죽고 말걸. 엄마의 젖으로 어린 송아지 고기를 삶는 일도 그와 마찬가지란다. 무의식중에 행한 그런 일이 나중에 자기도 모르게 의식적으로 아무렇지 않은 듯 죄를 지을 수 있다는 거야. 그래서 우유가 묻은 칼을 가지고 고기를 썰어서도 안 된단다. 물로 깨끗이 씻은 다음에 썰어야 해. 생각해보면 정말 잔인한 일 아니겠니?"

주하가 대답했다.

"네. 아빠."

아빠가 말했다.

"그래서 이렇게 우유와 고기는 접촉도 하지 않는 거란다. 근데 우리가 흔히 먹는 햄버거는 어떨까? 햄버거 가운데 불고기가 있지?"

주하가 대답했다.

"네."

"그런데 그 불고기 위와 아래에 보통 뭐가 있지?"

주하가 대답했다.

"치즈요."

아빠가 다시 물었다.

"그럼 그 치즈는 무엇으로 만들었을까?"

주하가 아연실색을 하며 대답했다.

"우유요."

"그래 맞아. 그럼 결국 엄마 젖에서 나온 우유와 불고기를 함께 먹는 것 아니겠니?"

"아빠, 이제 절대 햄버거 안 먹을래요."

"그래, 햄버거가 인스턴트 음식이라서 안 좋기도 하지만 알고 보면 이렇게 잔인한 음식이 되기도 하는구나."

주하가 말했다.

"네. 아빠."

여성 상위

● 탈무드 본문

착하기로 소문난 어떤 부부가 어쩌다가 이혼을 하게 되었다. 그 후 남편은 곧 재혼했지만 운이 없어서인지 나쁜 여자를 만난 탓으로 새로 얻은 아내처럼 똑같이 나쁜 남자가 되고 말았다.

아내도 이어 재혼했는데, 그녀 또한 나쁜 남자를 만났다. 그러나 새로 얻은 남편은 아내처럼 어질고 선량한 사람이 되었다. 이처럼 남자는 언제나 여자에 의해서 달라지게 마련이다.

● 자녀와의 대화

오늘은 식탁에 모여 앉아 저녁 식사를 하면서 하브루타를 시작했다. 먼저 아빠가 말을 꺼냈다.

"주하야, 준혁아, 아빠 이야기를 잘 들어봐. 옛날 어느 착한 부부가 있었어. 그런데 안타깝게도 두 착한 부부는 이혼을 하게 되었어."

아내가 물었다.

"여보, 준혁이는 '이혼'이란 말을 이해할까요?"

아빠가 준혁에게 물었다.

"준혁아, 부부가 무슨 뜻인지 아니?"

"엄마와 아빠요."

아빠가 말했다.

"그럼 엄마 아빠가 잘 살다가 이혼한다는 것은 무슨 뜻일까?"

"헤어지는 거예요."

아빠가 말했다.

"그래, 맞아. 어쨌든 두 착한 부부가 헤어지게 되었는데, 착한 아내는 나쁜 남자를 만났지만 둘 다 착한 사람이 되었어. 그리고 착한 남자는…."

그때 주하가 끼어들었다.

"아빠, 착한 남자는 나쁜 여자를 만나 둘 다 나쁜 사람이 되었어요."

아빠가 깜짝 놀라 말했다.

"아니, 그걸 주하가 어떻게 알았지?"

"아빠, 그냥 찍었어요."

아빠가 놀랍다는 듯이 말했다.

"허허. 이제 주하가 아빠의 머릿속에 들어와 있는 것 같구나. 여기서 이야기의 교훈은 무엇일까?"

주하가 말했다.

"아빠, 여자를 잘 만나야 돼요."

"그래, 맞아. 어찌 보면 여자가 더 높은 위치에 있단다. 그래서 어떤 여자를 만나느냐에 따라 인생이 좌우되는 거지. 우리 주하는 좋은 여자가 되어서 좋은 남자를 만나야 하고, 우리 준혁이는 좋은 여자를 선택해야 한단다."

아빠가 이야기를 계속했다.

"이런 말이 있지. 친구를 사귈 때는 나보다 한 단계 높은 친구를 사귀고, 여자를 선택할 때는 나보나 한 단계 낮은 여자를 선택하라는 말이야. 우리 주하가 현명하고 지혜롭지만 남자를 만날 때는 주하보다 더 현명하고 지혜로운 남자를 만나야 한다. 알겠지?"

"네. 아빠."

아빠가 이어 말했다.

"그리고 친구를 고를 때는 나보다 한 단계 높은 친구를 선택하고 말이야."

"아빠, 한 단계 높은 친구가 없을 때는 어쩔 수 없이 한 단계 낮은 친구를 사귈 수밖에 없어요."

아빠가 말했다.

"그래, 그런 친구를 만나면 우리 주하가 잘 인도해줘야지."

주하가 말했다.

"네. 아빠."

지도자의 조건

• 탈무드 본문

어떤 임금님에게 외동딸이 있었다. 어느 날 임금의 외동딸이 큰 병이 나서 자리에 눕게 되었다. 의사는 세상에 둘도 없는 신통한 약을 먹이지 않는 한 살아날 가망이 없다고 했다. 그래서 고심하던 임금님은 딸의 병을 고쳐주는 사람을 사위로 삼는 것은 물론 다음 임금의 자리까지 물려주겠다고 포고문을 붙였다.

당시 아주 외딴 시골에 삼 형제가 살고 있었는데, 그 가운데 맏이가 망원경으로 그 포고문을 보게 되었다. 그래서 삼 형제는 그 사정을 딱하게 여겨 임금님 외동딸의 병을 고쳐보자고 의논했다. 삼 형제 중 둘째는 마술의 융단을 가지고 있었고, 막내인 셋째는 마술의 사과를 가지고 있었다. 마술 융단은 아무리 먼 곳이라도 주문만 외면 잠깐 사이에 날아갈 수 있고, 마술 사과는 먹기만 하면 어떤 병이든 감쪽같이 낫는 신통력이 있었다.

이들 삼 형제가 함께 서둘러 마술 융단을 타고 궁전에 도착하여 공주한테 마술 사과를 먹게 하자 공주의 병은 정말 신통하게도 말끔히 낫게 되었다. 온 백성들은 거리로 쏟아져 나와 기뻐했으며, 임금님은 큰 잔치를 벌이고 사위이자 다음 번 임금님이 될 사람을 발표하기로 했다.

그러나 삼 형제는 서로 의견이 달랐다. 이 중 큰형은 "만일 내 망원경으로 포고문을 보지 못했다면 우리는 공주가 병으로 누운 사실도 몰랐을 거야"라고 주장했다. 그러자 둘째는 "만일 날아다니는 내 양탄자가 없었다면 이 먼 곳까지 어떻게 왔겠느냐"고 했다. 셋째는 "내 마술 사과가 없었다면 공

주의 병을 고칠 수 없었다"고 주장했다.

만약 여러분이 임금이라면 과연 삼 형제 가운데 누구를 사윗감으로 정하겠는가? 여기에서 사위가 되고 다음 번 왕위를 이을 사람은 마술 사과를 가진 셋째다. 왜냐하면 망원경을 가진 첫째는 공주를 치료한 뒤에도 그 망원경이 그대로 남아 있고, 둘째도 타고 온 융단이 그대로 남아 있으나, 셋째의 사과는 공주가 먹어버려 없어졌기 때문이다.

셋째는 임금의 외동딸을 위하여 자신이 가진 것을 모두 주었던 것이다. 이와 같이 탈무드에서는 남에게 도움을 줄 때 아낌없이 주는 것을 가장 소중하게 여긴다.

● 자녀와의 대화

　주하가 1박 2일 여름 수련회를 떠났을 때다. 준혁이는 누나 없이 혼자 거실에서 놀고 있었다. 준혁이가 아빠에게 말을 걸었다.

　"아빠, 오늘 하브루타 해요?"

　"준혁아, 오늘은 누나가 없으니 내일 누나랑 같이 있을 때 할까?"

　"아빠, 그래도 오늘 해주세요."

　"아빠랑 하브루타 하는 게 그렇게 좋아?"

　"네. 아빠."

　"얼마큼 좋은데?"

"지구 터지게 좋아요."

이런 말을 들을 때 아빠가 얼마나 행복한지 누구든 체험해보지 않으면 모를 것이다. 아빠가 흥에 겨워 준혁이에게 말했다.

"그래, 그럼 오늘 준혁이랑 아빠랑 단둘이 하자꾸나. 아빠가 저녁에 할 이야기를 준비해 놓았지."

준혁이의 얼굴이 환해졌다. 아빠가 이야기를 꺼냈다.

"자, 오늘은 마술 사과에 대한 이야기를 해볼게. 어느 날 왕에게 너무나도 사랑하는 외동딸이 있었어. 딸이 하나밖에 없으니 얼마나 사랑스러웠겠어."

아빠가 이야기를 하다 말고 준혁이에게 물었다.

"만약에 누나가 없고 준혁이만 있다면 우리 준혁이도 엄마 아빠 사랑을 더 많이 듬뿍 받았겠지? 그런데 그 딸이 큰 병에 걸려 죽게 되었어요. 만약에 이렇게 사랑스러운 준혁이가 아프면 엄마 아빠의 마음은 어떻겠어?"

준혁이가 대답했다.

"속상해요."

아빠가 말했다.

"그래, 맞아. 그래서 왕은 성벽에다 크게 벽보를 붙였어. '내 딸의 병을 낫게 한 사람은 사위로 삼겠노라'. 그러자 온 나라의 사나이들이

들썩들썩 웅성웅성했어. 수많은 사람들이 너무나도 사랑스러운 공주와 결혼하고 싶은데 병을 낫게 할 수 있는 방법은 없었지."

이야기가 점점 흥미진진해졌다. 아빠가 말을 이었다.

"멀리 조그만 시골 마을에 각각 보물을 한 가지씩 가지고 있는 삼형제가 살았어. 큰 아들은 망원경, 둘째는 나는 양탄자, 셋째는 어떤 병도 낫게 할 수 있는 마술 사과를 가지고 있었어."

"먼저 큰 아들이 망원경을 들고 큰 글씨로 써진 벽보를 발견했어. 그리고는 둘째에게 말하여 양탄자를 타고 큰 궁성에까지 날아갔어. 물론 병을 낫게 하는 마술 사과를 가진 막내도 데리고 갔지. 그리고는 마술 사과를 공주에게 건네주었고 마술 사과를 먹은 공주는 병이 낫게 되었어."

이번 이야기는 아빠가 생각해도 매우 흥미로운 스토리라고 생각됐다.

"자, 그런데 문제는 그때 일어났어. 모든 형제들이 문제를 해결하기 위해서 합심해서 풀었지만 문제를 풀고 나자 그 결과를 놓고 옥신각신 싸우기 시작한 거야. 서로 자기의 역할이 가장 컸으니 공주와 결혼해야 한다고 주장하는 것 아니겠니?"

아빠는 이야기가 마무리될 즈음 준혁이에게 물었다.

"결과는 어떻게 되었을까? 만약 준혁이가 왕이라면 누구를 사위로 선택할까?"

준혁이가 대답했다.

"아빠, 저는 마술 사과를 든 막내요."

아빠가 환호성을 질렀다.

"와, 너무 좋은 생각인데. 어떻게 그렇게 생각하게 되었지?"

"네. 아빠, 병을 낫게 했으니까요."

물론 아빠의 마음에 쏙 드는 정답은 아니었지만, 이 정도만으로도 아빠는 매우 즐겁다.

"하하. 그래. 그렇구나. 그런데 만약에 양탄자가 없었으면 올 수가 없었잖아?"

"음…. 걸어오면 되잖아요."

"그 말이 맞네. 그런데 망원경이 없었다면 그 벽보에 써진 글씨를 못 봤잖아?"

"음…. 가까이 가서 보면 되잖아요. 거기까지 가서 가까이 보면 되잖아요. 근데 사과가 없으면 병을 고칠 수가 없잖아요."

아빠가 말했다.

"맞네. 아빠의 생각도 말해 볼까? 아빠의 생각도 비슷해. 망원경으로 봤지만 망원경은 남아 있고, 양탄자를 타고 왔지만 양탄자도 남아 있지만 마술 사과는 먹어버리면 사라져 버리잖아. 각각의 소중한 보물들은 남았지만 막내의 마술 사과는 없어져 버리지. 막내는 자기의 전부를 준 거야. 마음이 없다면 전부를 줄 수 없지.”

아빠가 다시 물었다.

“우리 준혁이 하나님께 준혁이가 열 개를 가지고 있다면 몇 개를 드릴 수 있어?”

“열 개 모두요.”

아빠가 물었다.

“그럼 우리 준혁이. 엄마와 아빠에게 마음을 전부 줄 수 있어?”

“네. 아빠.”

“그럼 엄마에게 가서 뽀뽀해줘.”

준혁이가 엄마에게로 가더니 이내 작은 소리가 들렸다.

'쪽!'

“아빠에게도 와서 뽀뽀해줘.”

준혁이의 입술이 아빠 입에 닿았다.

'쪽!'

아빠가 환호성을 질렀다.

“아이구 우리 준혁이. 아빠는 준혁이가 있어서 너무 행복하다! 지구 터지게 행복해.”

준혁이와 하브루타를 하면서 오늘도 행복감을 느꼈다. 하브루타는 가정을 천국으로 만드는 신비한 힘을 가진 것 같다. 수련회를 마치고 돌아온 주하와도 탈무드의 '마술 사과' 이야기를 나누었다. 주하는 초등학교에서 이 '마술 사과' 이야기를 배운다며 마치 자랑을 하듯이 이야기를 했다. 그 후로 6개월이 지났을까? 아빠는 탈무드에 소개된 '마술 사과'에 대한 전혀 다른 해석을 듣게 되었다. 그리고 얼른 집으로 달려가서 아이들에게 이 해석을 말해주었다.

"주하야, '마술 사과'에 다른 뜻이 있었대."

주하가 물었다.

"무슨 말씀이세요? 아빠."

"그 탈무드에 나온 이야기 있잖아? 세 형제가 망원경과, 나는 양탄자와, 마술 사과를 가지고 공주를 구한 이야기 말이야."

주하가 말했다.

"그래요? 그게 어떤 의미였는데요?"

"글쎄 그게 '지도자의 조건'을 뜻한다는구나."

주하가 물었다.

"어째서요?"

그때 아내가 말했다.

"망원경은 멀리 보니까 그러는 건가요?"

"와! 역시. 그러니까 지도자는 먼저 멀리 바라볼 비전을 제시하고,

둘째로 그 비전을 이루기 위해 달려갈 줄 알아야 하며, 끝내는 헌신이

있어야 한다는구나."

주하가 물었다.

"근데 그거랑 마술 사과랑 무슨 상관이에요?"

"그러니까 멀리 보는 망원경은 비전을 제시하는 것을 뜻하고, 하늘

을 나는 양탄자는 그 비전을 향해 달려가는 것이며, 마술 사과는 자기

의 모든 것을 헌신하는 것을 상징하지."

아내와 주하가 소리쳤다.

"우와!"

Part 4

지혜를 얻는
네 가지 방법

지혜가 우리의 삶 속에서 얼마나 중요한가! 유대인들은 보이지 않는 신과 지혜를 추구하는 민족이다. 신이 솔로몬왕에게 무엇을 주기를 원하는지 물었을 때 솔로몬은 '지혜'를 달라고 했을 정도다. 지혜란 세상을 풍요롭고 행복하게 살아가는 데 가장 중요한 것임에 틀림없다.

유대인이 지혜를 추구하는 네 가지 영역이 있다. 그것은 정보의 영역, 상징의 영역, 직관의 영역 그리고 행동의 영역이다. 그들은 하나의 영역에서만 지혜를 탐구하지 않고 각각의 영역을 가로지르며 끊임없이 묻고 대답한다(《이디시 콥》, 랍비 닐턴 본더, 김우종 옮김).

이런 지혜는 혼자 독방에 갇혀 얻어지는 것이 아니다. 바로 누군가와 짝을 이루어 생각을 다듬어 가는 과정에서 얻는다. 짝을 이루어 토론하면 어떤 점이 좋을까! 홀로 생각하고 몰입하면 자칫 독단이나 독선에 빠질 수 있다. 하지만 여럿이 함께 토론하면 좀 더 차원 높은 해답을 얻을 수 있다. 철이 철을 날카롭게 하는 것과 같이 사람이 그 친구의 얼굴을 빛나게 한다.

"오늘은 아빠가 정말 재미난 이야기를 들려줄게. 랍비 중에 모세 마이모니데스란 사람이 있었어. 에스파냐의 코르도바에서 태어났는데 청소년 때 종

교박해를 피해서 이집트 카이로에 오게 되었지."

"유대인들은 잘 살다가도 박해를 받거나 생명의 위협을 느끼는 때가 많았단다. 하지만 이집트도 만만치 않았어. 왜냐하면 이집트는 이슬람국가였거든. 거의 적군이나 마찬가지지."

주하가 물었다.

"왜요? 아빠."

"음…. 가령 유대교는 하나님만을 유일신으로 섬기는 반면에 이슬람교는 마호메트라는 사람을 믿는단다. 그래서 서로 갈등이 있지. 어쨌든 마이모니데스는 열심히 공부해서 술탄 살라딘의 시의가 되었지."

주하가 또 물었다.

"아빠, 시의가 뭐예요?"

"시의는 왕궁에서 술탄왕을 치료하는 담당 의사란 뜻이야."

주하가 대답했다.

"네."

아빠가 계속 말을 이었다.

"그렇게 해서 7년을 봉사했는데 어느 날 술탄의 아들 알아프딘이 우울증에 빠지게 되었단다. 아빠의 이름은 살라딘이고 아들의 이름은 아프딘이야. 하하 정말 재미있구나. 아프딘이 우울증으로 아프게 되었네."

주하가 또 물었다.

"아빠! 우울증이 뭐예요?"

"우울증. 그게 말이야 평소에 밝게 지내는 사람이 갑자기 힘이 없어지고 하루 종일 멍하게 있는 거야! 마치 아픈 사람처럼 말이야."

주하가 웃으며 말했다.

"아빠, 되게 웃겨요."

"아프딘은 왕자였기 때문에 부족한 것이 없이 방탕하게 살았지. 이제는 아무 것도 즐겁지 않았어. 우울증에 빠진 거야. 그때 마이모니데스는 자기가 아프딘 왕자를 치료해주겠다고 나섰지. 하지만 장관들은 미래에 이슬람 국가에서 왕이 될 왕자를 유대인 랍비가 치료하는 것을 원하지 않았어. 아프딘 자신도 그것을 원치 않았어. 그래서 병세는 더욱 악화되었지."

주하가 물었다.

"그래서요?"

아빠가 말했다.

"처음에는 어릿광대도 부르고 마술사도 부르고 점쟁이들도 불렀지만 좀처럼 낫지를 않았지. 멋진 정원을 산책하는 일도 흥미가 나지 않았고 호화로운 잔치를 베풀고 맛있는 음식을 차렸지만 죽이나 간신히 먹을 정도였지."

아빠가 흥미롭다는 듯이 말을 이었다.

"아! 어떻게 하면 왕자의 병을 고칠 수 있을까! 왕자는 결국 병석에 눕게 되었단다. 그래서 결국 마이모니데스를 부르게 되었어."

이야기가 점점 더 흥미롭다.

"아빠, 그래서요?"

아빠가 말했다.

"그런데 아주 놀라운 일이 벌어졌지 뭐냐. 마이모니데스는 누워 있던 아프던 왕자를 잠시 진찰하더니 갑자기 뺨을 두 대 후려갈기는 것이었어. 이 광경을 지켜보던 장관들이 깜짝 놀랐지. 아프던 왕자의 얼굴에도 분노가 가득했어. 주변에 있던 장관들이 너무나 기가 막힌 이 광경을 보고 모두들 마이모니데스를 화형에 처해야 한다고 언성을 높였어."

주하의 표정이 심각해지는 가운데 아빠가 말을 이었다.

"그런데 갑자기 왕자가 두 손을 번쩍 들더니 '이제 왕자는 우울증이 모두 낳았도다'라고 외쳤어요. 와! 정말 놀라운 일이 벌어진 거야. 준혁아, 왜 왕자가 손을 번쩍 들고 우울증이 모두 나았다고 외쳤을까?"

준혁이가 대답했다.

"아빠, 뺨을 확 때려서 정신이 번쩍 들어서요."

"그래 맞아. 뭔가 망치로 얻어맞은 듯이 아프던 왕자가 번쩍 정신이 든 모양이구나. 그런데 마이모니데스는 왜 왕자의 뺨을 쳤을까? 정말 궁금하지 않니?"

준혁이가 대답했다.

"그러게요! 진짜 궁금해요."

아빠가 말했다.

"나중에 사람들이 마이모니데스에게 왜 왕자의 뺨을 쳤는지 물어봤단다. 마이모니데스는 인생에는 슬픔과 기쁨이 적절하게 있어야 한다며 부족함 없이 즐거운 생활만 했던 왕자의 삶이 우울증이란 병을 갖게 했다고 하지 뭐냐! 주하야! 이렇게 우리가 사는 데는 주구장창 기쁨만 있는 것도 좋지 않아. 슬픔도 적절하게 있어야 한단다. 왜 그럴까?"

이번에는 주하가 대답했다.

"음, 기쁨만 있으면 감사할 줄도 모를 것 같아요."

아빠가 말했다.

"그래 잘 말했다. 만날 슬픈 일이 일어나서도 안 되겠지만 슬픈 일도 인생에는 적절하게 있어야 한단다. 슬플 때는 언젠가 다시 올 기쁨을 생각하고 희망을 버리지 말고, 기쁠 때는 슬플 때를 생각하고 감사하게 사는 거야! 그게 인생을 사는 재미 아니겠니?"

주하가 대답했다.

"네, 아빠."

보지 못한 것을 보아라

지혜에게 묻다

● **탈무드 본문**

어떤 학자가 아무리 공부해도 탈무드가 무엇인지 알 수가 없었다. 그래서 랍비를 찾아갔다.

"저는 유대인에 대해 연구하고 있는 학자입니다. 제가 유대인에 관한 책을 많이 읽고 연구했지만 유대인이 어떤 사람인지 잘 알 수 없습니다. 탈무드를 공부해야 비로소 유대인에 대해 잘 알 수 있을 것 같습니다. 저에게 탈무드를 가르쳐 주시면 대단히 감사하겠습니다."

그러자 랍비는 대답했다.

"아, 그러시군요. 그런데 내가 보기에 당신은 탈무드를 공부할 자격이 없어요."

그러자 그 학자는 말했다.

"선생님, 저는 어떤 일이 있어도 탈무드를 꼭 배우고 싶습니다. 제가 탈무드를 배울 자격이 있는지 없는지 시험해 주세요."

랍비는 할 수 없다는 듯이 "그러면 어디 간단한 시험을 해봅시다. 내가 문제를 낼 테니 한번 풀어 보시오"하고 문제를 냈다.

"어느 날 두 소년이 함께 굴뚝 청소를 했어요. 굴뚝 청소를 마친 소년들이 밖으로 나왔는데 한 소년의 얼굴은 그을음이 전혀 묻지 않았는데 다른 소년은 새까맣게 묻어서 나왔소. 당신 생각에는 두 소년 중 누가 세수를 할 것 같소?"

학자는 너무 쉬운 문제라 얼른 대답했다.

"그야 얼굴이 새까맣게 된 소년이지요."

랍비는 그렇게 대답할 줄 알았다는 듯이 말했다.

"그것 보시오. 당신은 역시 탈무드를 공부할 자격이 없어요."

그러자 학자는 격하게 항의했다.

"왜 제 대답이 틀렸습니까?"

랍비는 냉정한 표정을 지으며 말했다.

"왜냐하면 얼굴이 새까맣게 된 소년은 얼굴이 깨끗한 소년을 보고 '아, 내 얼굴도 저렇게 깨끗하겠구나' 생각할 것이고 얼굴이 깨끗한 소년은 새까맣게 된 소년의 얼굴을 보고는 '아, 내 얼굴도 저렇게 새까맣겠구나'하고 생각하게 될 것입니다. 이제 얼굴 씻을 소년은 누군지 명확하지 않습니까?"

랍비의 말을 들은 학자는 무릎을 치며 말했다.

"선생님, 저에게 한 번만 더 기회를 주세요."

그래서 랍비가 학자에게 질문을 했는데 전과 똑같은 질문이었다.

"이번에는 바르게 대답하세요. 두 소년이 함께 굴뚝 청소를 했는데 한 소년

은 깨끗한 얼굴로, 다른 한 소년은 새까만 얼굴로 왔습니다. 그러면 두 소년 중에서 어느 소년이 얼굴을 씻겠소?"

학자는 답을 알고 있었기 때문에 자신만만하게 대답했다.

"물론 얼굴이 깨끗한 소년이 얼굴을 씻겠지요."

학자의 대답을 들은 랍비는 보란 듯이 쌀쌀맞게 말했다.

"역시 당신은 자격이 없습니다."

학자는 매우 실망하며 랍비에게 물었다.

"그러면 도대체 세수는 어떤 소년이 한단 말입니까?"

랍비가 말했습니다. "두 소년이 모두 씻어야지! 함께 굴뚝 청소를 했는데 어찌하여 한 소년은 깨끗한 얼굴로, 다른 소년은 더러운 얼굴로 나올 수 있겠습니까?"

• 자녀와의 대화

아빠가 오늘도 어김없이 아이들을 불러 모았다. 아이들에게 질문을 던지고 아이들이 어떤 말을 할지 상상을 하는 것만으로도 기분이 좋다. 아이들도 자신들의 말에 아빠가 깜짝 놀라는 모습을 보는 것이 정말 즐거운가 보다.

"오늘은 너희들에게 어떤 이야기를 해줄까…. 잘 들어봐. 탈무드에 나온 이야기야. 어느 날 도둑 둘이 한 집을 털기 위해 굴뚝으로 들어갔다가 나왔는데 글쎄 한 사람은 굴뚝 속에서 그을음이 묻어 까맣게 됐고 한 사람은 그대로 하얀 얼굴이 아니겠니? 자, 그럼 누가 얼굴을 씻으러 갔을까."

준혁이가 손을 번쩍 들었다.

"저요."

아빠가 준혁이를 보며 말했다.

"준혁이부터 말해봐."

준혁이가 말했다.

"까만 사람이요."

아빠가 말했다.

"오우, 너무 잘 대답했다. 근데 왜 까만 사람이 씻으러 갔지?"

준혁이가 말했다.

"까맣게 됐으니까 씻으러 갔지요."

아빠가 말했다.

"그래 잘 대답했다. 내 스스로를 보고 내가 깨달은 것이네. 그럼 주하 생각은 어때?"

"저는 하얀 사람이요."

아빠는 깜짝 놀라며 말했다.

"오호, 어떻게 하얀 사람이 씻으러 가지? 깨끗한데 말이야."

주하가 대답했다.

"그러니까요. 까만 사람의 얼굴을 보고 자기도 까맣게 됐을 거라 생각하고 가는 거죠."

"아주 잘 대답했구나. 상대편을 보고 내가 깨달은 것이네. 우리는 때로 남에게 비추어 자신을 깨닫는 경우가 많단다."

그때 주하가 말했다.

"아빠, 이 질문은 그 자체가 잘못됐어요."

아빠가 깜짝 놀라며 물었다.

"와, 그게 무슨 뜻이야? 주하야?"

주하가 대답했다.

"어떻게 두 사람이 굴뚝에 들어갔는데 한 사람만 그을려서 까맣게 되고 한 사람은 그대로 있겠어요. 말이 안 되잖아요."

"그래, 주하가 제대로 보았구나. 사실 아빠가 마지막에 하고 싶었던 말인데 어떻게 그걸 알게 됐지?"

"우리 반 친구가 탈무드 책을 갖고 있었는데 거기서 딱 그 줄을 읽었어요."

아빠가 말했다.

"오우, 그래? 그 탈무드 책에 다른 내용은 없었어?"

"네."

"그래 잘 봤구나. 사실 이 질문에는 대답이 다섯 가지나 된단다. 지금까지 두 개의 답이 나왔고 또 다른 세 개의 답이 있지."

주하가 아빠에게 물었다.

"아빠, 그게 뭐예요?"

"자, 첫 번째, 까만 사람이 자신을 보고 깨달아 씻으러 갔고, 두 번째 하얀 사람이 상대를 보고 자신도 까맣게 됐을 것이라고 깨달아 씻으러 갔고, 세 번째는 까만 사람이 씻으러 가니까 하얀 사람이 따라갔고, 네 번째는 하얀 사람이 안 씻으러 가니까 까만 사람도 덩달아 안 씻으러 갔어. 그리고 마지막으로 주하가 말한 것처럼 질문 자체가 잘못될 수 있으니 해봐야 안다는 거지."

주하가 말했다.

"와, 그렇게 대답이 많아요?"

"그런데 왜 까만 사람이 갔을 때 하얀 사람이 따라갔을까. 그리고 왜 하얀 사람이 안 가서 까만 사람도 덩달아 안 갔을까?"

주하가 고개를 갸우뚱하며 짐짓 말을 꺼내지 못했다. 아빠가 말을 이었다.

"자, 아빠 말을 잘 들어봐. 어떤 사람이 빨간 신호등이 켜졌는데 무단횡단을 했어. 그런데 신기하게 그 옆에 있는 사람도 덩달아 무단횡단을 했지 뭐냐. 그런 일이 있을 수 있겠지?"

주하가 말했다.

"아, 아빠 알겠어요. 따라간 사람은 아무 생각 없이 상대편이 하니까 그냥 자기도 그렇게 했어요."

아빠가 맞장구를 쳤다.

"그래 맞아. 그렇게 해서 좋은 결과가 있을 수도 있지만 나쁜 결과가 있을 수도 있단다."

"네."

아빠가 다시 물었다.

"아까 주하가 질문 자체에 문제가 있다고 그랬지?"

"네. 어떻게 두 사람이 똑같이 굴뚝에 들어갔는데 한 사람만 그을리겠어요. 잘못된 거죠."

아빠가 말했다.

"그래 맞다. 그래서 마지막 대답은 '해봐야 안다'는 것이야. 이렇듯 여러 가지 방법으로 답할 수 있지만 정말로 모를 때는 사실 행동으로 해봐야 안다는 거야."

주하가 말했다.

"네. 아빠."

아빠가 다시 물었다.

"그런데 이 두 사람이 왜 이렇게 다른 반응을 보였는지 아니?"

주하가 다시 고개를 갸우뚱했다. 아빠가 다시 물었다.

"왜 이렇게 여러 가지 결론이 날 수밖에 없을까."

주하가 말했다.

"글쎄요."

아빠가 말했다.

"힌트는 도둑질에 있어."

주하가 말했다.

"잘 모르겠어요."

"쉿. 도둑들은 도둑질을 하려면 말 없이 조용히 해야 되잖아. 서로 대화를 안 했던 거야. 서로 말을 하고 소통했다면 한 가지 방법을 찾았겠지."

"아!"

"그래서 우리가 어떤 문제를 해결할 때는 서로 묻고 답하며 더 좋은 생각이나 해답이 있는지 알아봐야 된단다. 알겠지?"

주하가 대답했다.

"네. 아빠!"

경험하지 못한 것을 경험하라

외모로 취하지 말라

● **탈무드 본문**

어느 나라의 왕이 만찬회라곤 아직 한 번도 참석해 본 적이 없는 한 랍비를
초대했다. 그 날 랍비가 성문을 통과하려고 하자 문지기가 막아서며 말했다.
"이보시오, 이곳은 당신 같은 거지가 올 데가 못 돼! 어서 돌아가시오!"
랍비는 초대 받아서 왔다고 말했지만 문지기는 믿지 않았다. 문지기는 돌아
가지 않으면 혼내 주겠다며 봉을 휘둘러 랍비를 위협하기까지 했다. 그때
소란을 들은 왕이 나타나자 랍비는 비로소 안심했다. 하지만 그것도 잠시,
왕은 랍비에게 이렇게 말했다.
"썩 돌아가지 못하겠느냐! 이 거지 랍비야. 난 당신 같은 사람을 초대한 기
억이 없다!"
그도 그럴 것이 이날 랍비는 더러운 누더기 옷을 걸치고 있었던 터다. 그로

부터 일 년 후 또다시 랍비는 왕으로부터 초대를 받게 되었다. 이제 랍비는 비단 옷에 금으로 반짝이는 승려복을 걸치고 성으로 향했다.

그날 랍비는 왕에게 큰 환영을 받았다.

"랍비님, 편하게 드십시오."

그 순간 랍비가 갑자기 이상한 행동을 하기 시작했다. 비단옷의 일부를 수프에 적시기 시작했다. 왕은 깜짝 놀라 물었다.

"랍비님, 어찌된 일입니까?"

그러자 랍비가 슬픈 얼굴로 대답했다.

"보시다시피 이 옷에 수프를 적시고 있습니다. 대왕께서 초대한 것은 제가 아닌 바로 이 비단옷이니 말이죠."

• 자녀와의 대화

저녁 식사를 하고 나서 거실로 아이들을 불러 모았다.

"주하야, 준혁아, 아빠랑 하브루타 하자."

주하가 탁자 앞으로 와서 앉았다. 준혁이는 레고로 뭔가를 만들고 있다.

"아빠, 저는 안 할래요."

오늘 준혁이는 아빠의 하브루타보다는 레고 만들기가 좋은가 보다. 아빠가 말했다.

"그래. 그럼 준혁이는 레고 만들면서 들어 보렴. 주하야, '요리는 냄비가 해도, 칭찬은 접시가 받는다'는 말의 뜻이 뭘까?"

주하가 말했다.

"아빠, 말과 행동이 다르다는 뜻 아니에요?"

"그래? 그게 무슨 뜻이니?"

주하가 대답했다.

"그러니까 냄비에서는 팔팔 끓고 있었는데 접시에다 담으면 그렇지 않잖아요."

아빠가 말했다.

"음…. 그래. 아빠는 주하의 말을 잘 이해 못하겠는 걸. 자, 잘 들어봐. 옛날 어느 왕이 랍비를 만찬에 초대했는데 그 랍비는 옷이 없어서 누더기 옷을 입고 왕궁으로 갔어. 그런데 성문에 도착했을 때 경비병이 가로막지 않겠니? 랍비는 왕의 초대를 받아 찾아왔다고 말했지만 그 경비병은 도무지 들어주지를 않고 돌아가라며 창으로 위협하기까지 했어."

주하가 안타깝다는 표정을 지었다.

"그렇게 실랑이를 벌이는 동안 왕이 그 곁을 지나가게 되었지. 정말 다행이라고 생각한 랍비는 왕에게 만찬에 초대 받아 입장하려는 중이라고 소리를 높였어. 그러자 왕이 이렇게 말했어. '이런 거지 같은 랍비를 나는 초대하지 않았으니 썩 꺼져라' 하고 말이야. 너무나 어처구

니없었던 랍비는 하는 수 없이 집으로 돌아와야 했어."

"아!"

주하가 짤막한 탄성을 내뱉었다.

"그런데 일 년이 지난 그 다음 해에도 왕은 랍비를 만찬에 초대한 것 아니겠니? 이번에는 형편이 넉넉하여 비단 옷을 입고 가게 되었어. 그러자 성문 앞의 경비병은 당연하다는 듯 문을 열어줬고 왕의 만찬에도 당당하게 참여할 수 있게 되었어. 그런데 수프 요리가 나오자 랍비는 이상한 행동을 하는 것이 아니겠니? 글쎄 수프를 입으로 먹는 대신, 비단 옷깃에 부어 고운 옷을 적시는 거야."

아빠의 이야기가 끝나자마자 주하가 말했다.

"아, 알겠어요. 아빠, 겉모습으로 속을 판단하지 말라는 것 아니에요?"

"그래 맞아. 그런데 왜 겉모습으로 사람을 판단하지 말아야 할까?"

주하가 말했다.

"아빠, 겉과 속은 다를 수 있잖아요. 겉은 천사 같아도 속이 악마 같을 수 있고, 겉이 악마 같이 못생겨도 속은 천사 같을 수 있으니까요."

"그래그래. 주하야 그런데 사람들은 왜 종종 겉모습으로 사람을 판단할까?"

"음…. 그게 쉬우니까요."

아빠가 말했다.

"그래 맞아. 주하야, 사람의 속마음을 알아보기 위해서는 대화를 해 봐야 하고 많은 시간을 함께 겪어봐야 하기 때문이지. 사람들은 대부 분 그렇게 많은 시간을 참지 못하기 때문에 겉으로 보이는 옷이나 외 모로 사람을 쉽게 판단한단다. 신도 외모로 사람을 취하지 말라고 하 셨잖니."

주하가 대답했다.

"맞아요. 성탄절날 예수님 태어나실 때도 초라한 곳에서 태어나셨 다고 했어요."

"그래 맞아. 결국 초라한 말구유에 놓이셨지. 가장 겸손하고 낮은 자리로 말이야. 그래서 우리 주하도 사람을 판단할 때 그 사람이 입은 옷이나 외모로 판단하면 안 되겠지?"

"네."

아빠가 말을 이었다.

"만약에 친구들이 옷을 좀 못 입는다거나 또는 외모가 잘생기지 않 았더라도 그 속마음은 다를 수 있겠지?"

주하가 말했다.

"네. 아빠."

03

불가능을 가능케 하라

보이는 것과 들리는 것에 집착하지 말라

• 탈무드 본문 1

한 랍비가 물었다.

"열한 개의 사과를 열두 명의 학생에게 나눠주려면 어떻게 해야 할까?"

한 지혜로운 제자가 말했다.

"간단합니다. 사과를 갈아서 주스로 만들면 됩니다."

• 탈무드 본문 2

90마리의 양을 몰고 강을 건너려는 상인이 있었다. 그 상인은 뱃사공에게 강을 건너게 해 달라고 부탁했다. 그러자 뱃사공은 자신이 건너게 해주는 양의 절반을 뱃삯으로 달라고 했다. 그래서 상인은 가장 손해를 덜 보는 만

큼의 양을 주고 무사히 강을 건넜다. 절반을 요구한 뱃사공에게 상인은 몇 마리를 주었을까?

● **자녀와의 대화**

아이들과 식탁에 앉아 저녁 식사를 하면서 갑자기 아빠가 물었다.

"얘들아, 사과가 10개가 있고 학생이 11명이 있는데 공평하게 나눠주려면 어떻게 하면 좋을까?"

준혁이가 먼저 말했다.

"아빠, 사과를 칼로 쪼개서 개수대로 공평하게 나눠주면 돼요."

"그래? 그거 참 좋은 생각이구나. 또 더 좋은 방법은 없을까?"

주하가 말했다.

"아빠, 한 사람이 양보하면 나머지 사람이 공평하게 나누어 먹을 수 있어요."

"그래? 그것도 참 좋네. 그렇지만 문제는 똑같이 공평하게 나누어 먹는 거야. 한 사람이라도 못 먹으면 안 돼. 준혁이가 참 좋은 아이디어를 생각했는데 사과를 더 잘게 쪼개봐. 컵을 이용할 수도 있어."

"알았다! 아빠, 사과를 갈아서 주스로 만들어 11개의 컵에 나눠주면 돼요."

아빠가 말했다.

"그래. 그것도 답이 될 수 있겠지. 이처럼 사과 자체에 집착하지 말고 문제를 완전히 다르게 생각하는 것도 좋겠구나. 그럼 이번에 또 하나의 문제를 내볼게. 양치기가 양 90마리를 데리고 강을 건너게 되었어. 그런데 뱃사공이 강을 건너는 품삯으로 절반의 양을 요구할 때 가장 최소한으로 줄 수 있는 양의 마리 수는 얼마일까?"

주하가 대답했다.

"45마리요."

"주하야, 그것은 양 90마리의 절반 숫자잖아. 문제의 답이 그거라면 너무 쉽지 않니? 그보다 더 적은 수의 양을 주었지."

주하가 말했다.

"아빠, 9마리요."

아빠가 다시 물었다.

"9마리? 어떻게 그렇게 되었지?"

"9와 0을 반으로 자르면 한쪽에 9가 나오잖아요."

그때 아내가 말했다.

"주하야, 그렇게 말하면 오른쪽에는 0이 있으니까 한 마리도 안 줘도 되겠네. 그건 아닌 것 같은데."

주하가 대답했다.

"아, 아빠 너무 어려운 것 같아요."

아빠가 다시 물었다.

"그래? 그럼 아빠가 답을 알려 줄 테니 이번에는 왜 그런지 설명해 볼래?"

주하가 대답했다.

"네."

아빠가 말했다.

"답은 30마리였어. 어떻게 그랬을까?"

답을 내려고 용을 쓰던 주하가 대답했다.

"와, 그래도 모르겠는데요."

아빠가 체념한 듯 말했다.

"주하야, 90마리의 양에 너무 집착하지 마. 꼭 90마리를 함께 건너야겠다고 생각하면 절대 풀 수가 없어. 이 양치기는 60마리를 건너게 하고 그 절반의 30마리를 뱃사공이 갖게 한 거야."

주하가 대답했다.

"아, 그렇구나."

곁에 있던 아내가 물어보았다.

"여보, 당신은 이 문제를 들었을 때 풀었어요?"

"아니. 나도 못 풀었지요. 하하하. 어쨌든 보이는 것과 들리는 것에 집착하면 문제를 풀 수 없고, 그 이면의 것을 볼 수 있어야 한다는 것이 바로 이 문제의 풀이방법을 찾아가는 통찰력이야. 이렇게 사물을 다르게 보는 습관을 길러 보자."

주하가 대답했다.

"네."

04

불굴의 의지로 도전하라

저는 딸기가 먹고 싶습니다

● **탈무드 본문**

겨울에 프랑스인, 이탈리아인, 유대인 3명이 사형을 당하게 되었다. 사형집행관이 말했다.

"너희들은 이제 곧 죽게 될 것이다. 마지막으로 먹고 싶은 것을 먹게 해주고 총살하겠다. 먹고 싶은 것을 말해라."

프랑스인은 맛있는 프랑스 와인과 프랑스 빵을 먹고 싶다고 해서 그것을 먹은 뒤 총살되었다. 이탈리아인은 스파게티를 먹은 뒤 총살 당했다. 이제 유대인 차례였다.

"큰 접시 위에 가득 놓인 딸기를 먹고 싶습니다."

"지금은 겨울인데 딸기가 어디 있느냐?"

"그렇다면 딸기가 나올 때까지 기다려주십시오."

딸기가 나오는 철까지 유대인의 사형집행은 연기되었다.

• 자녀와의 대화

저녁 식사를 마치고 하브루타 시간을 가졌다. 벌써 주하는 자기 방에서 책 3권을 꺼내 와서 읽을 태세였다. 준혁이도 거실에서 자기가 읽고 싶은 책을 한 권 가져와서 엄마에게 읽어 달라고 조르고 있었다.

"애들아, 아빠랑 하브루타 하자."

주하가 대답했다.

"네. 근데 아빠, 고구마 쪄주시면 안 돼요?"

아빠가 직접 고구마를 쪄서 접시에 하나씩 놓아주고 하브루타를 시작했다.

"어느 겨울 날 재판관이 죽음을 눈앞에 둔 사형수 세 사람에게 마지막으로 먹고 싶은 음식이 무엇인지 물었어. 그 사형수들은 각각 프랑스인, 이탈리아인, 유대인이었어."

아빠가 자세를 고치며 물었다.

"주하야, 프랑스는 무슨 음식으로 유명하지?"

"와인이요."

"그래. 프랑스 사형수는 마지막으로 프랑스 와인과 빵을 먹고 싶다고 했어. 그러자 재판관은 프랑스 와인과 빵을 가져다주었고 죄수가 그것을 다 먹은 후에 총살 당했지.”

아빠가 이번에도 질문을 던졌다.

“이탈리아는 무슨 음식으로 유명하지?”

주하가 대답했다.

“음···. 피자와 스파게티요.”

“그래. 이탈리아 사형수에게 마지막 소원을 묻자 이탈리아인은 이탈리아 스파게티를 먹고 싶다고 했어. 이탈리아 사형수도 자신이 먹고 싶다던 스파게티를 먹고 나서 총살을 당했어. 자, 마지막으로 유대인에게 물었어.”

갑자기 주하가 이야기에 끼어들었다.

“아빠, 유대인은 자기를 절대 죽이지 말라고 한 것 아닐까요?”

“그래? 그런데 그것은 재판관의 제안과는 거리가 있지. 먹고 싶은 걸 이야기하라고 했으니까. 자, 유대인은 무엇으로 유명하지?”

아빠가 손가락으로 머리를 가리키며 힌트를 주었다. 주하가 바로 대답했다.

“지혜에요. 지혜.”

“그래. 그 유대인에게 마지막으로 먹고 싶은 것을 묻자 유대인은 딸기를 먹고 싶다고 했어. 그러자 재판관이 ‘이 겨울철에 어디서 딸기를 구한단 말이냐'고 되물었어. 그러자 유대인은 '딸기를 맛볼 수 있는 여름철까지 기다려 달라'고 했지. 그래서 그 사형수는 결국 당장의 죽음을 면했던 거야."

주하가 대답했다.

"아빠, 재미있어요."

"그래 주하야 이 유대인이 지혜로운 이유가 뭘까?"

"왜냐면요, 여름철에 나는 딸기를 먹고 싶다고 했어요."

"그래 맞아. 다른 사람들은 지금 먹을 수 있는 것에만 관심이 있었지만 유대인은 무엇에 관심이 있었지?"

주하가 대답했다.

"자기 목숨이요."

"그래 맞아. 결국 지혜를 발휘해서 죽음을 면하게 된 거지."

주하가 계속 말을 이었다.

"네, 아빠 그 이야기를 들으니까 다른 이야기가 생각났어요."

아빠가 신기하다는 듯 물었다.

"그래? 한번 해보렴."

주하가 이야기를 꺼냈다.

"옛날 어느 겨울에 마을의 사또가 이방에게 산딸기를 구해오라고 명했어요. 그 말을 들은 이방은 겨울철에 산딸기를 찾지 못하고 몸져눕게 되었어요. 이것을 지켜보던 아들이 지혜롭게 문제를 해결했어요."

상황이 바뀌어 이번엔 아빠가 궁금해져 물었다.

"그래? 어떻게 했는데?"

주하가 이야기를 이어갔다.

"이방의 아들은 사또에게 가서 '아버지가 산딸기를 찾다가 뱀에 물려 몸져눕게 되었다'고 말했어요. 그러자 마을의 사또는 '이 한겨울에 뱀이 어디 있느냐'고 했어요. 이 말을 들은 이방의 아들은 역시 같은 대답을 했어요."

아빠가 물었다.

"그게 무슨 말인데?"

"이 한겨울에 산딸기가 어디 있겠습니까?"

아빠가 너무 재밌다는 듯 말했다.

"오호, 아주 재치가 있는 이방의 아들이네."

아빠가 계속 말을 이었다.

"그 이야기를 들으니 아빠도 재미난 이야기가 생각났다."

이번에는 주하가 아주 궁금하다는 듯이 물었다.

"그게 뭐예요, 아빠?"

아빠가 말을 이었다.

"잘 들어보렴. 어느 날 양반 주인을 모시고 있던 벙어리가 있었어.

한 여름날 주인 양반이 토방에 누워 자고 있는 것을 보고 이렇게 물었어. '주인님 주무십니까!'. 이 말을 들은 양반 주인이 대답했어. '오냐. 잠잔다'. 그러자 그 벙어리가 물었어. '아니 자는 사람이 어떻게 말을 합니까?'. 화가 난 양반 주인은 벌떡 일어나서 이렇게 말했어. '아니 너는 벙어리면서 어떻게 말을 하느냐?'."

주하가 박장대소했다.

"하하하. 아빠 너무 웃겨요."

온 가족이 한바탕 웃으며 밤이 깊어갔다.

참고문헌

랍비 닐턴 본더, 김우종 옮김(2007). 《이디시콥》

조셉 텔루슈킨, 김무겸 역(2012). 《죽기 전에 한번은 유대인을 만나라》

전성수(2012). 《부모라면 유대인처럼 하브루타로 교육하라》

전성수(2012). 《자녀교육 혁명 하브루타》

전성수(2012). 《헤브루타 그림성경》

전성수, 양동일(2014). 《유대인 하브루타 경제교육》

전성수, 양동일(2014), 《질문하는 공부법 하브루타》

현용수(2011), 《자녀들아, 돈은 이렇게 벌고 이렇게 써라》

Marvin Tokayer, 현용수 편역(2007). 《탈무드의 지혜》

Marvin Tokayer, 현용수 편역(2007). 《탈무드의 웃음》

Norman Solomon(2009). The Talmud A Selection: Penguin Books

Rabbi, Yisrael Meir Lau(2006), Rav Lau on Pirkei Avos: Mesorah Publications, ltd

Brodie, Rachel(2002). Jewish Family Education: A Casebook for the Twenty-First Century. LA: Alef Design Group.

Holzer, Elie & Kent, Orit.(2013). A Philosophy of Havruta. NY: Academic Studies Press.

Jacobs, Louis(1984). The Talmudic Argument: A Study in Talmudic Reasoning and Methodology. London: Cambridge University Press.

Jungreis-Wolff, Slovie(2008). Raising a Child with Soul. NY: St. Martin's Griffin.

Parry, Aaron(2004). The Talmud. NY: Alpha.

Schuster, Diane T.(2003). Jewish Lives, Jewish Learning. NY: UAHC Press.

Wolpe, David J.(1993). Teaching Your Children About God. NY: Harper.